書山有路勤為徑
學海無崖苦作舟

文經閣

書山有路勤為徑
學海無崖苦作舟

文經閣

我富有因為我這麼做 II

猶太人想的和你不一樣

猶太人的偶像是——商人

猶太人的上帝是——金錢

一切眾神在金錢的面前都必須退讓

張俊杰◎著

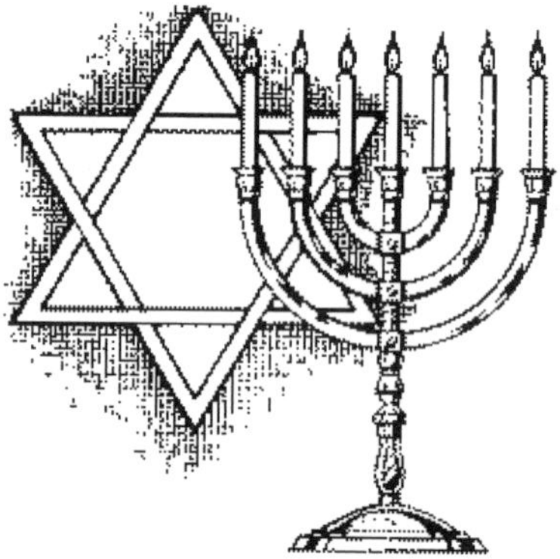

猶太人占美國人口的比例僅為3%

卻擁有全世界40%的財富

因為，猶太人想的和你不一樣

猶太人的偶像是——商人

猶太人的上帝是——金錢

序言

不瞭解猶太人，就不瞭解世界；不研究猶太商道，就無法掌握財富的真諦。1千多年來，猶太人超乎想像的富有和奇異的賺錢能力，令世人著迷。

研究表明，猶太人在世界上所占的比例僅為0.3%，卻掌握著世界經濟的命脈。在富饒的美國，猶太人占人口的比例僅為3%，但是根據《財富》雜誌所評選出來的超級富翁中，猶太裔企業家卻占20%～25%，在全世界最有錢的企業家中，猶太人竟然占到一半。

如果說到富有的商業大亨，猶太人就更數不勝數了。從投資大師華倫．巴菲特、金融大鱷喬治・索羅斯，到石油大王洛克菲勒、Google創始人拉里佩奇；從原美聯儲主席格林斯潘、經濟理論專家大衛・李嘉圖，到英特爾創始人安迪格魯夫、鋼鐵大王安德魯・卡內基……商業世界的各個領域都有猶太人的身影，而以羅斯柴爾德家族為代表的猶太菁英則控制著世界經濟的命脈，左右著全球資金的流向。

一個世界上由少數人構成的族群，卻掌握了人世間最龐大的資產；一個遭受了千年屈辱的民族，卻在備受打擊、四處流浪中實現了驚人的富有……猶太人沒有資本、缺少資源，憑什麼始終處於金錢的頂峰、權力的中心呢？

「世界的錢在美國人的口袋裡，而美國人的錢卻在猶太人的口袋裡。」猶太人被稱為「世界上最富有的民族」、「最會賺錢的民族」、「最有智慧的民族」，他們之所以取得如此輝煌的成就，是因為具備卓爾不群的文化素養、理財生財的傳統教育，以及秘而不宣的經商財技。

對猶太人而言，有了錢，就獲得了統治者眼裡的價值，也就獲得了讓自己生存的條件。從某種意義上講，是金錢為他們贏得了尊嚴和生存的權利。他們在千年的漂泊歲月裡歷練出了一整套偉大的商業法則，受到世人的追捧。

在商業活動中，他們誠實守信、注重契約、資訊靈通、視野開闊；他們敢於突破陳規陋習，去大膽選擇獲利豐厚的投資專案；他們有時囤積居奇，有時分散風險，以敏銳的眼光洞察著市場的千變萬化。

在推銷活動中，他們深諳顧客心理，會巧妙採用商業技巧來實現自己銷售商品的目的。他們的商業謀略更是令人佩服不已，他們注重商場中的人脈關係，擅長乘勢借力，他們會借助銀行的資金和社會上的資源為已所用，也會借助名人的光環效應來宣傳產品，縱橫商海。

總之，猶太人是世界上唯一具有天然商人本質和數千年一以貫之的經商理念的民族。他們最早形成了遍及世界各地的貿易網路，最早確立了嚴格而周詳的交易規則，最敏感於推進合理化、商業化進程，最富於社會意識和協作精神，最善於以經濟手段駕馭政治權力。

猶太人愛錢，他們對於金錢的偏愛達到了無以復加的程度，但同時對金錢又保持著一顆平常之心。對於錢，猶太人既沒有敬之如神，又沒有惡之如鬼，更沒有既想要錢又羞於碰錢的尷尬心理。在他們看來，錢就是一件平常物，是乾乾淨淨的，賺錢應該大大方方。正是這種平常心使他們在驚濤駭浪的商海中馳騁自如，臨亂不慌，取得了穩操勝券的效果。

在人類歷史的長河中，猶太人沉默過，但是從未真正消亡過。猶太人也是世界上最聰明，最神秘，最富有的民族之一，猶太商人以其獨特的經營技巧摘取了「世界第一商人」的桂冠。然而猶太人是怎樣成功的呢？這一個問題引起了全世界人的關注和研究。本書以眾多猶太商人的成功案例為典範，從心道、智道、人道、借道、財道、贏道、勢道、營道、守道這九個方面總結了猶太人的經營哲學與賺錢之道，一探其獲取利潤的機密。

每一位生意人都應該讀讀這本書！

每一位創業者都應該讀讀這本書！

每一位企業經營者、領導人都應該讀讀這本書！

目 contents 錄

目 contents 錄

第一章　大生意做趨勢，小生意看態勢

在猶太人中間，流傳著這樣一句話：「大生意做趨勢，中生意看形勢，小生意看態勢。」做生意，最聰明的手段就是在市場中審時度勢、順勢而為。商業的本質就是「營勢」、「謀勢」。善於謀勢的商人，才能執市場之牛耳，一戰定乾坤。

猶太商人相信：眼光產生的利潤是最大的。因此，他們總能在環境「欲變未變」之時，見微波而知必有暗流，在順境中預見危機的端倪，在困難時看到勝利的曙光，從而機動靈活地繞過暗礁險灘、把握住盈利的機會，駛向勝利的彼岸。

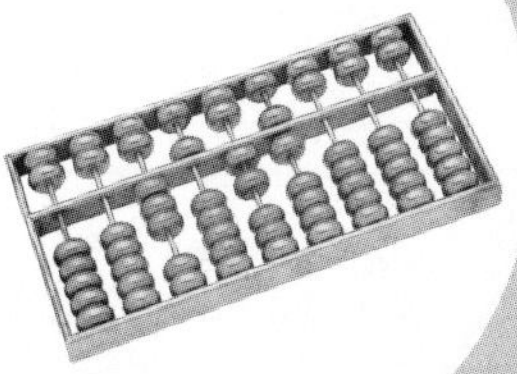

1. 大勢不好未必是你不好

市場經濟是每一個商人都無法預測的，也沒有人可以把握市場，亦無人可以操縱市場。所以，一個聰明的投資者，就要順應市場經濟的變化。經商人不要以為大勢不好，就主觀臆斷自己也會不好。做生意只有在大勢不好的情況下，才會淘汰很多競爭對手，才能使自己贏得更大的發展空間，才有機會占領更大的市場。

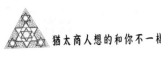

很多生意場上的人都不會在大勢不好的情況之下做出大的投資。但猶太人卻相信，許多偉大的事業都是人們認為在不可能成功的情況之下完成的。《塔木德》上說：「世間的事非常奇怪，越是人們認為不可能的，做起來越順當。」事實上確實如此，對於猶太人而言大勢不好未必你就做不好，他們從來都不會因為經濟大勢而放棄投資的信心。

猶太人在面對並不如意的大勢，不但不懼怕不景氣的經濟大勢，而勇於衝在最前面。猶太人這種勇往直前的精神，往往能使他們從激烈的商業競爭中，發現一些在別人看來無足輕重的事情，而這些無足輕重的事情卻是猶太商人獲得大利益的關鍵。正所謂是有的時候大勢好未必你好，大勢不好未必你不好。大勢不好，一大批企業死掉，不但不是冬天的來臨，反而有利於行業的良性發展。對於猶太人而言，大形勢不好對他們更有利，別人都撤退了，競爭者就少，這樣他們才能抓住時機，利用更長的時間去準備。

有時候，整體經濟形勢不好，但是這並不意味著所有經商的人都會生意不景氣。往往越是在這樣大勢不太好的情況下，越是有人能夠賺大錢。事實上，任何商人都不會預測市場的走勢，只是他們善於利用這種市場的情緒化而得益。市場像人一樣，有的時候是會鬧情緒的，而且有時「脾氣」還很大，猶太商人做生意時從不會隨著市場的情緒起舞，而是利用市場的情緒。

大勢不好未必你不好，一句話打破了猶太人在不景氣的經濟形勢下投資者的憂慮和擔心，猶太人不管經濟形勢的好與壞，都會先人一步。因為他們知道，不管行業怎樣千變萬化，「市場」總是有機會。事實上，「市場」就是經濟發展的「舞臺」，而商人就是這個「舞臺」主角，能透過各種方式導演出一幕幕有生有色的話劇來，有時演得好，有時演得不好，不管怎樣「市場」這個舞臺始終是充滿活力的。因此，絕不能因為經濟形勢不好而放棄賺錢的機會，投資、做生意都不能被「大勢」嚇倒。

威爾斯・法哥是美國一家財力雄厚、營運良好的銀行。在1990至1991年的時候，美國的房地產業非常的不景氣，威爾斯・法哥銀行受到不動產貸放的影響，已經損失了13億美元。因為當時房地產的每股淨值相當於53美元中的25美元。也就是說，萬一這些損失已確定發生，就必須從每股淨值中取出25美元來彌補，所以銀行的淨值將從每股53美元減少為每股28美元。這樣一來，幾乎所有的銀行都面臨巨大的虧損。

巴菲特對所有的銀行進行了詳細的分析，最後決定從威爾斯・法哥銀行買進10%的股份，雖然威爾斯・法哥在1991年的時候沒有賺到什麼錢，但市場上對該銀行的股價做出了反應，從原來的86美元跌至每股41.3美元，跌幅高達52%左右。巴菲特認為這是個投資的好時機，買了約5百萬股，平均的價格每股57.80美元。

經過對所有銀行的分析，巴菲特認為威爾斯・法哥銀行是全美國經營良好、獲利最佳的銀行之一。雖然市場上的很多股票都低於威爾斯・法哥銀行，但在加州，威爾斯・法哥銀行比起其他的中小型銀行，仍在市場上扮演著非常重要的角色。

事實上威爾斯・法哥銀行遭受的損失並不如預期的那般嚴重。因為威爾斯・法哥銀行和其他的大型銀行競爭，提供給居民、企業相關的金融服務，如房屋貸款等等，還和其他一些中小型銀行做資金融通，透過以上的服務威爾斯・法哥銀行也可以從中賺取不少。

正如巴菲特所分析的那樣，到了1997年，由於房地產一度變得火熱起來，向銀行申請房屋貸款的人越來越多，威爾斯·法哥銀行的股價已經上漲到了每股270美元。巴菲特的投資得到了24%的稅前複利回報率。

投資者要想獲得好的收益，不僅不能受市場情緒的影響，而且還要利用市場情緒，把握投資的機遇。俗話說，物極必反，在市場的「冬天」裡，雖然很多商人的「事業」毀掉了，但是另一些商人卻經受住了嚴寒的考驗，實現了強勢的轉折。

商機就是顧客，商機就是市場，商機就是利潤。可以說，每一次市場危機都是一次絕佳的商機。關鍵是投資者能不能善加利用這些機遇。事實上，世界上任何危機都蘊含著商機，且危機愈重商機愈大，這是一條顛撲不破的商業真理。很多的投資者總是認為，現在市場不好，沒有什麼發財的機會，放棄了投資。猶太商人投資的想法往往是別人慌亂我獨醒，機遇來了絕不放手。由此看來，猶太人在做生意時不但能看清經濟大趨勢，又很明白自己的步伐。對於他們來說，在面對大勢不好的情況下，只要能夠時時關注經濟大趨勢，就能準確把握投資的大好時機。那麼，猶太商人是如何在大勢不好情況下把握成功的先機呢？

（1）趁「危」奪「機」。

對於猶太商人而言，大勢不好就是投資的最佳時機，因經濟不景氣而引起的市場波動，恰恰說明是進行長期投資的最佳時機。有一句話說得好：「大生意做趨勢，中生意看形勢，小生意看態勢。」作為一個生意人，不但要善於應對危機，化險為夷，還要能在危機中尋找更多的商機，趁「危」奪「機」。

（2）看準形勢才能長勝不敗。

因為大勢不好很多生意人就亂了陣腳，以為經濟形勢不好，自己肯定就賺錢無果，從而輕易退出了。這無疑是給那些有實力的生意人造就了機會。而猶太商人能夠更清楚更透徹地看待這個問題，在別人都退出的時候，他們反而勇往直前。正是因為如此，他們才能在商場中長勝不敗。

（3）市場經濟也是有規律可尋的。

猶太人在經商過程中，能依據市場的變化，而調整自己的戰略戰術，這確實很高明。市場中沒有變化，就沒有機會。雖然經濟活動多為紛繁複雜，然而仍然具有很強的規律性。但從大的方面來看，整個國際經濟形勢有好有壞；從小的方面看，經濟市場是不斷循環，反覆輪迴的。

當然，商人的制勝之法「不可先詰」；置身於商場競爭中，能隨機應變，善於發現，

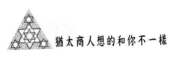

就能找到並把握經濟的脈動。猶太聖典《塔木德》有一句話說：「失敗絕不會是致命的，除非你認輸。」對於猶太商人而言，無論形勢如何，都要堅持。猶太人做生意看的不僅僅是整體和全域，更能夠看到整體與自身利益的關係。因為他們堅信，只有發現市場經濟的規律，才能得到規律接近本質。方法越多，通向目的的途徑也就越多，收穫就會越大。

而那些整天試圖以憑藉自己小聰明戰勝市場的想法，總有一天會被市場無情的吃掉。正因為猶太商人明白這一點，才會堅持價值投資，不去企圖戰勝市場、駕馭市場，也正是猶太商人懂得與市場共存，才能成為商界長期的贏家。

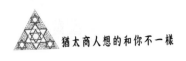

2. 關注資訊就是關注金錢

商場上誰能搶占先機，誰就能在商界穩操勝券，而搶占先機最有效的途徑就是獲取對自己有利的資訊。猶太人正是能及時地抓住資訊，瞭解並收集捕捉外界的資訊，才創造出了一個又一個像股神巴菲特，鑽石大王彼德森這樣的人物。

猶太民族是世界上最聰明、最神秘、最富有的民族之一。猶太人擁有5千多年的猶太民族史，卻有兩千多年沒有自己的國土，他們雖然是一個苦難深重的民族，卻也是世界上最優秀的民族。

猶太人在世界各地過著顛沛流離的生活，他們遭受了千年的凌辱、屢遭種族歧視與殘酷迫害，四處流浪，卻依然沒有滅絕，反而日益強大起來。

儘管猶太民族遭受了前所未有的迫害，卻造就了一大批空前絕後的偉人與名人。他們沒有什麼資本，卻始終處於金錢的頂峰、權力的中心，並以獨特的經營技巧成就了一番偉大的事業，並為人類社會的進步做出了巨大貢獻。

為什麼猶太民族在經歷了那麼多的苦難和殘酷迫害之後，仍能卓立於世？為什麼猶太民族的命運處於風雨飄搖之中還能被世界稱為「世界第一商人」？為什麼猶太民族在面臨反猶分子的血腥殺戮時，卻能在政治、經濟、科學等各個領域都能達到人才輩出，取得世上前所未有的成就？

猶太人的成功並不是偶然，而是源於猶太民族對資訊的敏感度。猶太民族非常重視資訊的收集、整理和運用，也正是猶太民族能夠充分利用資訊的價值，才獲得了舉世矚目的成功，這些成功與金錢無關。自古以來，猶太民族就異乎尋常地關注資訊。古時的猶太人稱資訊為「兆頭」，專指與勝敗、生存有關的資訊。

發展至今日，猶太人視資訊為金錢。對於他們來說，資訊是非常重要的，要能及時地抓住資訊，就能抓住資訊裡的錢。

對於長期缺乏保障的猶太人來說，有時一個資訊就可能決定自己的生死存亡。在這種與命運交戰的漫長生涯中，猶太人對資訊的敏感性已到了最高點。

猶太人認為，要想把生意做好，只有善於收集資訊，開發有價值的資訊，才能知己知彼。要做到這一點，首先必須利用不可少的情報與資訊手段。只有掌握了足夠的資訊和情報，才能在商戰中立於不敗之地，才能在商戰中掌握主動權。

如果說股神巴菲特、華爾街金融大王安德列．邁耶、美國銀行家雷曼兄弟是靠先於別人獲得資訊，而抓住機遇的話。那麼，另一個猶太商人的成功卻是依靠「不起眼」的資訊出奇制勝。

亞默爾肉類加工公司的老闆菲力普．亞默爾，他習慣每天抽出一點時間來看報紙。雖然他的生意異常的繁忙，但他到辦公室的第一件事，就是看秘書給他送來的各種報刊。

那是1987年的一個上午，他和往常一樣，坐在辦公室裡翻閱秘書送來的報紙，這時一則非常不起眼的新聞吸引了他的注意力：墨西哥報導疑有瘟疫發生。

這則新聞使亞默爾眼前一亮：如果墨西哥真的發生了瘟疫，那麼這個消息就會傳到加州、德州，而加州和德州正是北美肉類的主要供應地，一旦這裡發生瘟疫。全國的肉類供應就會立刻陷入困境，肉價也會飛速的上漲。

亞默爾立即派人到墨西哥去實地調查。幾天後，調查人員回電，證實了這一消息的準確性。

他放下電報，心裡已經有了十分的把握，當即讓人籌集大量的資金，把加州和德州的肉牛和生豬都收購過來，再運到離加州和德州很遠的東部來飼養。

果真，資訊如報紙所說，三個星期之後，西部的幾個州就出現了瘟疫。與此同時，聯邦政府立即下令嚴禁從這幾個州外運食品，北美市場肉類在一時間出現了奇缺，而且價格是之前的幾倍。

這時亞默爾知道時機已到，把囤積在東部的肉牛和生豬以高價出售。在三個月的短時間裡，他就淨賺了高達9百萬美元的利潤。

亞默爾的成功並非偶然，他的成功憑藉的是長期從報紙和其他報刊累積資訊的結果。

亞默爾非常重視各方面的資訊。為此，他在公司裡設立了一個為他負責收集資訊的部門，這個部門的人員都有很高的文化水準，善於經營，富有管理經驗。

他們的主要工作就是把全美、英、日等世界幾十份主要的報紙進行收集，並將每份報紙的重要資料進行分類，把這些資訊做出相應的評價，最後再將有價值的資訊送到亞默爾的辦公室。

這就是亞默爾在生意經營中能夠抓住準確的資訊而屢屢成功的關鍵所在。

資訊，從來是一個不甘落後的詞語。在戰場上用兵不打仗，就要瞭解敵人的情報資訊；商場也是如此。商人在激烈的市場競爭中決策計畫時，也要以情報資訊為基石。

在《塔木德》中有這樣一句話：「即使是風，只要用鼻子嗅嗅它的味道，就可以知道

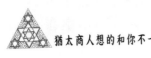

它的來歷。」所以，對於猶太人來說，經商的成敗，資訊發揮著決定性的作用。

猶太人深知資訊在商界產生著決定性的力量，及時擁有資訊的人，就等於擁有了財富，也可以說，資訊是財富的領路人。

不管是有爭議的媒體大王默多克，還是石油大亨洛克菲勒、金融大鱷索羅斯等等，他們的成功，都足以證明了猶太人的獨具慧眼，對資訊的「獵取」。「弱肉強食，適者生存」，在很大程度上都取決於資訊的傳遞和掌握。

猶太人基於歷史的原因，更能體會在瞬息萬變的經濟生活中，只有深深懂得資訊的重要性，才能在商戰中取得非凡的成就。也更是這個原因，使猶太人對資訊有了高度的重視和極度的敏銳，使他們的資訊網遍佈全球。猶太人之所以能消息靈通著稱於世也是源於此。

在日益激烈的社會，猶太人把資訊當成金錢的象徵，時時做到眼觀六路，耳聽八方，隨時不斷地掌握新的資訊，並對這些資訊好好的加以利用，從而搶占競爭中的優勢。

俗話說，資訊通，百業興。猶太人一直認為，沒有資訊，經營者就像是雙目失眼的盲人，面對四通八達的交叉路口不知該如何起步。在這個以資訊為主的時代，一切東西都可以用資訊來代替和表示，擁有資訊等於擁有財富。猶太人似乎很早就懂得了這個關係，他們知道資訊的重要性，並在很早的時候就開始利用資訊賺錢了。正是有了資訊的啟示，猶太人才將資訊看得無比的重要。

注重資訊，研究資訊，是猶太人取得成功的手段之一，他們總是能夠憑藉靈通的資訊，快速出擊，在商界取得無人能及的成功。對於猶太商人來說，「資訊就是金錢」，猶太人有了寶貴的資訊，才能使願望逐漸變成現實。也正是猶太人與生俱來對資訊的敏感，才使得猶太人最終操縱整個世界的經濟，成為這個世界的主宰。

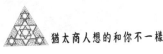

3. 用心盯住市場上的流行趨勢

「越是流行的東西，越有錢可賺。」這一直是猶太人堅信不疑的一句話。在今天的社會，市場需求瞬息萬變，能夠準確抓住流行趨勢是每個生意人追求的目標，只有抓住潮流，甚至於超越潮流，才能在商界大展身手。

「三個猶太人坐在一起，就可以決定世界。」這是對猶太人非凡智慧的盛讚。這就足以說明，猶太人做生意喜歡跟著流行的風氣走，甚至自己可以去創造一些流行的風氣。只因他們巧妙地利用人們追求流行趨勢的心理。

猶太人想方設法賺錢，而且還透過流行風氣來引領人們的消費。我們都知道，要使某種商品流行起來，首先就是市場上的流行風氣。消費者購買產品的趨勢，是跟隨著市場的流行風而產生的，猶太商人深知這一點，抓住市場的流行風氣，就有可能取得成功。

這個流行觀念使得許多猶太商人在一時之間成為了一流的商人，擁有了上百億美元的資產。猶太人深諳此道，並以此來操縱流行趨勢。他們能認真分析判斷市場的走勢，研究它的流行程度，並以此作為選擇「攻擊」的對象。因為，人們的需求各有不同，市場的需求量也是不同的。在隨著流行風形成的同時，也要充分考慮流行的程度，只有如此，才能適時的推出產品，才能取得最終的成功。

19世紀50年代，李維・史斯特勞斯也和大多數人一樣，來到美國加利福尼亞來淘金，可是年輕的李維・史斯特勞斯到達了加利福尼亞來之後，才發現為時已晚，淘金已到了尾聲。但是他自己也沒想到，他能從「斜亞紋布裡淘出了黃金」。

李維・史斯特勞斯前去淘金的時候，就隨身帶了一大卷斜紋布，本來是想做成帳篷賣給當地的商人賺點錢。可是，到了那裡，他才發現，那裡的人們根本不需要帳篷，而是需要結實耐穿的褲子。淘金的人整天和泥水打交道，褲子自然是壞得特別快。

於是，李維・史斯特勞斯把這卷斜紋布做成了褲子，他的第一條牛仔褲就這樣誕生了。

經過10年的努力，李維・史斯特勞斯企業越做越大，為了增強褲子口袋的強度，又在褲子的口袋旁邊裝上了銅釦。這種新穎的褲子贏得了市場上的好評，銷路也極好。同時也引起了其他服裝商競相模仿，但這個時候的李維・史斯特勞斯的企業卻在商界獨占鰲頭，每年售出的這種褲子數量高達一百萬條之多，營業額也達到前所未有。

多年以後，由李維・史斯特勞斯的外孫哈斯接手了他的企業，哈斯即不是一個理想主義者，他有意識地想改變公眾的趣味或是穿著習慣。但他的經營決策，更準確地說，是一場「賭博」，輸贏在此一舉。結果，他贏了，而且是極大的成功。

到了19世紀60年代，牛仔褲不僅贏得了年輕人的喜愛，也是年輕人所熱衷的服裝。最終，牛仔褲被一位總統穿進了白宮。

在猶太人看來，但凡是流行的，就越是有利可圖。只要是用心盯住市場上的流行趨勢，就能賺足鈔票。

值得一提的是，抓住流行風必須要與市場相結合。市場的需求和流行趨勢不斷的變化，能夠把握住流行趨勢的人一定是個非常高明的人。

而日本的漢堡大王伯恩就是這樣的人，日本漢堡大王伯恩的發跡正是因為他適時地抓住了社會的流行風氣而發跡的。當然了，伯恩雖然是以漢堡發家，但他的財路不僅僅是這一條，鑽石、時裝等也是他發財的另一個途徑。

伯恩在經銷服裝的時候，會根據各國人不同的特點，訂製不同的款式，根據有錢人的喜好進行一些特殊的設計。如此一來，他的產品一經上市，不僅受到歡迎，還會成為一種時尚。在很多有錢人中很是盛行。

至此，在伯恩企業歷經20年的時間裡，竟沒有一次「危機」的事件發生。當然了，伯恩的成功，都是靠著「把握流行趨勢，靈活多變」的經營策略。而那些只知隨波逐流的商人，雖然在某一方面成為有錢人的時尚趨勢，卻沒有一個像伯恩一樣考慮到各國的風俗情況，虧本恐怕是避免不了的。而伯恩的這一做法，卻要比一般商人精明得多。

當然了，現代的市場需求每天都有所不同，能夠在第一時間把握流行趨勢實屬不易。想要掌握某種商品是否流行，需要一定的訣竅。流行大都起源於有錢人或是普通老百姓。對於普通老百姓而言，流行的東西來勢一般都比較兇猛，流行的面也廣，但時間卻維持很短。富人則不同，雖然流行趨勢在富人圈裡流行很慢，但它所持續的時間卻是很長的。

猶太人對普通老百姓和有錢人進行統計和分析，在富有階層流行的商品，一般在兩年左右時間就會在中下層社會流行開來。所以說，如果能在兩年內把握住流行趨勢的話，發財是一定的。

其實道理是顯而易見的，對於一般人來說，與上流社會的人交往，覺得自己也會受到影響，無論是從衣著還是品味上都有所提高。於是，上流社會的流行趨勢便走向流行和時尚的前沿，使很多的人不斷的效仿。

俗話說：「人往高處走，水往低處流。」上流社會流行的衣飾、品味、風格無疑對一般人有很多影響，尤其對女性，她們總會去趕潮流。猶太人之所以能把握住流行趨勢，最重要的是先讓它在那些有錢人當中流行，當它成為有錢人的時尚前鋒，那麼一般老百姓中就形成一種示範效應，競相相仿。

事實上，把握好市場的流行趨勢就像是跳舞一樣，快於節奏或是慢於節奏都是不行的。今天頗為暢銷的產品，到了明天可能就無人問津了。所以說，要操縱好顧客的心理，隨著人們的需求不斷變化，無疑就握住了賺錢的尚方寶劍。

據此，猶太人心明眼亮，敢於跟著流行風跑，引領時尚，才能獲得財富。猶太人這種「流行贏錢法」總是先人一步，超人一招。利用有錢人引領人們的消費，則是做足了宣傳，再加上他們靈活運用猶太生意經，對市場進行仔細的研究分析，把行銷做到最前面。這樣也就把握了主動，賺錢自然是水到渠成的事了。

不管是投資經商，還是經營公司，最主要的是能夠準確把握市場的流行趨勢。這就要求每一個生意人在做決策前，對市場有一個仔細的分析和研究。當然，這種分析和研究並不是只做一些市場調查，而是用心去瞭解市場的需求。

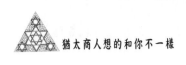

猶太人的賺錢術裡有這樣一句話：「越是流行的東西，越有錢可賺」。對此猶太人一直堅信不疑，那是因為，他們能夠抓住顧客的心理，也能抓住機會，所以他們的成功是必然的。

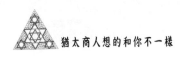

4. 用懷疑的眼光看世界

對於猶太人來說，不管是在商界還是在其他的領域，不會懷疑的人，就是不會思考的人，不會學習的人。正是有了懷疑，才能讓人思考，讓人明白做事情的好處。因為輕信和盲從，從來都不是一個成功商人所要做的事情。要有所成就最大的突破就是用不同的眼光看問題。因為，成功總是屬於那些獨立思考的少數人。

想要取得經商成功，取得大的利潤，必須要讓自己用不同的眼光來看待這個世界。猶太人就是這樣，他們經歷了無數的磨難之後，以一種冷峻的眼光來看待這個社會和紛繁的世界。他們懷疑一切東西，即使那些看起來十分神聖的東西也是一樣，他們也絕不會輕易的相信。

事實上，懷疑是學習的鑰匙，它不但可以打開知識的大門，還能打開商界的大門。其實，猶太人是一個非常善於學習的民族，同時也是一個善於思考的民族。猶太人是有智慧的人，也是知道如何懷疑的人，在他們看來，懷疑就是思考，也是求得智慧的開始。他們甚至懷疑《聖經》上記載的猶太歷史，他們總是用一種很挑剔的眼光看問題，他們懷疑一切，質疑一切。

猶太人拒絕崇拜任何偶像，也從不盲從大眾的潮流。就算是對猶太人最偉大的領導摩西也不例外。摩西是猶太人歷史上一位偉大的領導者，在猶太人的心中，摩西有著崇高的地位，但卻不是他們的偶像，他也絕對不是權威的，他們不要偶像安排自己的命運。對於自己的命運，猶太人一直有著獨立的思考判斷。

為什麼猶太人在許多的領域都能獲得不同尋常的成就呢？原因就是他們總是以一種懷疑的眼光看待一切事情，所以他們從來不受社會成見的影響，而在各個領域自由地發揮自己的才能和想像力。

人沒有理由對什麼事情都確信無疑。一旦懷疑開始，疑點也就會越來越多，循著懷疑的線索去追尋自己想要的答案，那麼答案通常是正確的。諾亞的第十代子孫亞伯拉罕對上帝就進行過一次懷疑。

上帝在沒有任何證據的情況下，懷疑有兩個城鎮的人民違反了他的諭旨，上帝很是不甘心，決定以毀滅這兩個城鎮的人作為代價，對他們進行懲罰。

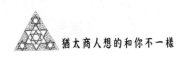

這個消息被亞伯拉罕知道了，他開始懷疑這位萬能而神聖的上帝的用心。於是便自告奮勇代表兩個城鎮的人民去和上帝談判。

他來說上帝的面前，質問上帝：「如果城裡面有50名正直的人，也要跟隨著惡人一起遭受毀滅嗎？」上帝看了看亞伯拉罕，沒有回答。「上帝難道不願寬恕其他正直的人嗎？」

上帝沉思了一下，只好說：「如果真的如你所說，城中有50位正直的人，那麼我會看在他們的分上饒恕對這個城鎮的懲罰。」

亞伯拉罕更加懷疑上帝的用意了，難道真的要有50個正直的人才肯饒恕城裡的人嗎？於是，他又問上帝：「如果湊不足50人的話，這個城鎮還是要毀滅的，是嗎？」

上帝聽了他的問題，又做出了讓步，表示只要城中有45個正直的人，也會饒恕這個城鎮。

亞伯拉罕還是不肯放棄，對上帝步步進逼：「如果連45個人都沒有呢？」

上帝在亞伯拉罕不斷的質疑下，真是到了理屈詞窮的地步。但是，上帝作為神聖不可侵犯的萬物主宰，自然不能言而無信。他還是堅持為自己的行為不停的辯解。

亞伯拉罕仍不肯做出讓步，義正詞嚴地問上帝：「把擁有正直的人的城鎮全部毀滅，是正義的象徵嗎？」

上帝終於被他問得無話可說，最後做出了更大的讓步，表示只要城中有10個正直的人，就不會再毀滅這個城鎮了。

猶太人就是這樣，即使神聖不可侵犯的東西，也不會將他們嚇倒。在他們眼裡，看重的是他們自己腦子裡想要的東西，認為正確的東西，絕不會因為一些奇怪的東西來影響自己的判斷力。

的確，敢於懷疑，是一個人自我保全和獨立發展的基本要素；一個人善於懷疑是走向成熟和進步的階梯。不管你是否相信，懷疑精神能造成生機和上進。

猶太人正是用懷疑的眼光看世界，才會在不滿現狀的前提下達到成功。《塔木德》說：「好的問題常會引起好的答案。」可見，好的發問和好的答案同樣重要。

有人說，不瞭解猶太人，就不瞭解世界。事實證明，猶太人一直擁有兩種天性——懷疑和思考。所以，猶太人的智力沒有受到限制，隨時準備著反對和拒絕大多數人的意見。也正是如此，猶太人有著讓世界折服的驚人富有和奇異賺錢能力。猶太人是一個謎一樣的民族，他們特立獨行，行為思考詭秘，讓世人覺得神秘莫測。

沒有好奇心的人，就不會發生懷疑。這一直是猶太商人秉承的商業之道。事實上，有智慧的人就是知道如何懷疑的人。那麼，持有懷疑的眼光到底能帶來什麼樣的結果呢？

（1）懷疑使人不斷的進步。

猶太人說：「深井的水是提不完的，淺井的水一提就乾。」的確，無論你再怎麼富有，總有一天會用完的，而知識卻能永遠與人同在。所以說，為了所有的迷惑和懷疑，最後都要付出行動去尋求答案予以解答，在尋找答案的過程中，就會不斷的學習，不斷的進步。

（2）懷疑的眼光能折射出世界的萬象。

很多人都以為猶太商人賺錢是以智取勝。殊不知，猶太人除了以智取勝以外，還會用懷疑的眼光看問題，看事情。持有懷疑的眼光看世界，是猶太人提升智慧的尺規。千百年來的做事準則規範著他們的處世方式，讓他們以懷疑的眼光看問題，做事情也是如此。也只有如此，才能獲得一般人沒有的智慧和成功。

（3）懷疑是提升智慧的基石。

每個人都希望擁有智慧，每個人都希望獲得成功，但是猶太人的成功告訴我們，人的智慧、成功不是與生俱來的，也不是從天而降的，而是要付出比別人更艱苦的努力。猶太人對事情有著極其特殊的敏感，他們總是以懷疑的眼光縱觀整個商業領域，也正是猶太人

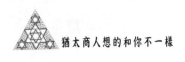

的這種特殊的智慧，才使猶太人得以生存繁衍，帶給猶太民族勃勃生機。

猶太人不斷地受到迫害，房子、財產猶如曇花一現，所有的猶太人都並不以此為重。因為他們知道，智慧比財富和地位更重要。猶太人從不認為，有知識就是有智慧，所有的知識只是為了磨練智慧而存在的。也正是如此，猶太人才以懷疑的精神，以內心沒有權威的心態面對一切，個人才能不斷的前進。

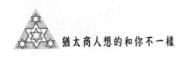

5. 儘量多看幾步才不會賠錢

商場中多看幾步才不會賠錢，這個道理猶太人在很早以前就明白。多看幾步無非就是多多的想，因為多看幾步就能看到更好的風景。的確如此，只有多看幾步，才能發現商場中的種種商機；多看幾步，才能準確把握精確的市場訊息；多看幾步，才能想到未來發展的情況，才能更接近成功。

世人都知道猶太人會賺錢。對於猶太人來說，賺錢就是一件輕而易舉的事。其實，認真地看看，仔細的想想，猶太人的發財秘訣，無非就是有著敏銳的眼光，非凡的智慧。事實並非如此，除了有著敏銳的眼光和非凡的智慧之外，猶太人善於在做事之前，多看幾步，多多地思考，多想幾個可能性而已。

猶太人常說的一句話就是「多走幾步會看到更多的風景」。說的是在商戰中，要想取得大的成功，市場分析儘量要多看幾步，不光是做生意，理財也是如此。由此可見，多多地想，做好各種準備，把各種可能性都考慮進去，儘量把最有利自己的一面善加利用起來。只有這樣，才能在商界中占有一席之地。

其實，做生意就像是下棋一樣，下完第一步，就想著如何去下第二步。高級棋師在下第一步棋的時候，就會為下一步，甚至下下一步棋做出打算。人們常常琢磨高手們下的第一、二步棋的用意，等到人們明白過來時，棋已下到了最後。做生意也是如此，商戰中的高手常常是這些運籌帷幄、決勝千里的商人。

在商戰中，猶太人做到了比別人多看幾步，多想想未來的發展情況。所以，才成就了猶太人在商界中的輝煌。這就是猶太商人的智慧。他們的頭一兩步棋，通常讓人猜不到他們的用意何在，當他們真實的意圖顯露鋒芒的時候，人們才恍然大悟，可是事情已經成了不爭的事實了。

商戰中比別人多看幾步，比別人多思考，多想幾件可能發生的事情，如果能把這幾個方面利用得當的話，獲得成功是指日可待的事情。

聯邦政府決定重新修建自由女神像，但舊的女神像拆除下來的一大攤廢料，成了聯邦政府的大煩惱。在當時紐約，對於垃圾的處理有著嚴格的規定，如有不慎就會受到環保組織的起訴。在沒有辦法的情況下，聯邦政府不得不公開招標。希望能有企業替他們處理掉

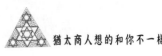

這些廢料。

可是，招標發出了好幾個月，仍然沒有人投標。聯邦政府正在為此事著急的時候，有一位猶太人麥考爾卻給聯邦政府解了燃眉之急。

當時的猶太人麥考爾正在法國旅行，當聽到聯邦政府招標這一消息時，他立即終止了休假，飛往紐約。當他看到自由女神像下面那堆積如山的銅塊、螺絲和木料後，當即與政府部門簽下了協議。這一消息速度的傳開了。很多紐約運輸公司都在笑麥考爾，認為他一定是瘋了，買下這麼多廢料做什麼。而他的同事也認為這是一件吃力不討好的事情，更何況這些廢料能夠收回的資源是少之又少，都在私底下說麥考爾的做法實在是太愚蠢了。

大家都在等著看他的笑話，看他如何處理這些廢料。當大家都在懷疑他的時候，他就已經開始工作了，他召集了一批工人把運回來的廢料進行仔細的分類：把廢銅熔掉，再鑄成小自由女神像；而那些舊的木料則是做成女神的底座；就連那些廢銅、廢鋁的邊角料都在麥考爾的智慧下，成了紐約廣場的鑰匙。

結果，在別人眼裡的廢銅爛鐵以高出原來數倍乃至數十倍的價格出售，而且居然還是供不應求。在短短的三個月時間裡，麥考爾將這堆廢料變廢為寶，他甚至把一磅銅賣到了3500美金，等到這些由廢料生產出來的產品全部銷售一空的時候，麥考爾已經是麥考爾公司的董事長了。

猶太人做生意，普遍能賺錢和發財，其中的奧秘有很多，但猶太生意經中最耀眼的部分無疑是多思考，多看幾步。猶太人這種本領，成為其對經營判斷和對外談判的高招。事實上，猶太人的這種本領並非是天賦，而是透過訓練得來的。他們從長期經營實踐中體會到「步步為營，思考為先」的道理。正是猶太人在做事之前都要多看幾步，所以他們才能做出準確的判斷，這就使他們在商界中能鎮定自如，步步為營，直至大獲全勝。猶太人並不像大多數的民族一樣，在沒有認清趨勢的情況下盲目的做出投資。

實際上，猶太人是非常重視實際的，他們認為，空中樓閣就是空中樓閣，與其畫餅充饑，還不如吃點東西來得實際。聰明的猶太人不會抱有不切實際的幻想，他們知道，要想成就偉大的人生，必定要給自己找一個合理的定位。找到合理定位的前提，就要有著極強的判斷能力。如果他們認為對方不利於自己，不能給自己帶來財富，那麼，他們會一直等待下去，直到等到合適機會的到來。

猶太人向來以精明著稱，他們的這種精明就是體現在做事情之前都會多看幾步。猶太人相信任何事情都沒有固定的解決辦法，就如同賺錢一樣，任何一個行業都能夠賺到錢，最主要是看你是否能多思考。猶太人堅信，在這個世界上，只要你善於多看幾步，懂得變通就能夠成功。

商場上瞬息萬變，而對各種不同的情況，商人就應該採取不同的應對措施。如果只是千篇一律地死守一種方法，不懂得多看幾步，多思考，那麼只會在競爭中失敗，永遠也不可能賺到大錢。所謂商場如戰場，爾虞我詐，這些事情可謂是屢見不鮮。所以，要想在紛繁複雜的商場競爭中站穩腳跟，就要有一個靈活的頭腦，多看幾步，多思考，以靈活應對各種情況的發生。在商場上，多看幾步才不會賠錢，是商人成功必備的條件。猶太人認為，在這個世界上沒有一件無用的東西，任何東西都是可以利用的。在商業活動中，能夠不拘一格，不但能夠賺得更多的利潤，還能夠化腐朽為神奇。

其實，細細想來，猶太人的成功看起來很神秘，如果仔細分析一下，猶太人的成功不過是善於謀劃，比別人多看到幾步而已。事實上，多看幾步，並不像人們想像的那麼困難，只需要多動動腦筋，多多地想，多想幾個謀劃，做好各方面的準備，就能想到未來發展的情況，那麼成功就不會太遠。

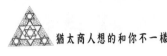

6. 精準捕捉未來產業趨勢

每一個人都想成為財富的擁有者，也希望自己能夠成為商界的勝利者。然而，要想在商業上獲得成功，智慧是不可缺少的。但是有著敏銳的洞察力，準確捕捉整個市場未來發展的趨勢也是關鍵的一個環節。因此，一個行業，無論發展到什麼階段，都和勤於思考，把握市場未來趨勢密不可分，只有率先發現這個領域，才能做到財源廣進。

在人類的歷史長河中，猶太人沉默過，但是從未真正消亡過。猶太商人以其獨特的經營技巧摘取了「世界第一商人」的桂冠。這與他們的勤奮和精準捕捉未來產業的趨勢密不可分。

有權威人士曾這樣說過：猶太富豪在家打個噴嚏，世界上所有的銀行都將引起感冒；五個猶太財團坐在一起，便可能控制整個人類的黃金市場。可見，猶太人正是擁有了精準

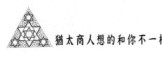

捕捉未來的這種氣魄，才會在商戰中創造了光輝，獲得了成功。

作為一個商人，要考慮的問題是做生意要如何才能賺到錢。而猶太人作為世界上優秀的商人，他們的商業敏感是一般人所不及的，他們總是能從別人忽略的地方發現屬於自己的商業機會，創造財富。

《塔木德》說：「每個人的機會都是一樣的多，但是每個人對機會的識別和把握能力卻是大大的不同。」人們也會常說，一分辛勞一分收穫。事實上，並不是每天辛勤勞動就可以成功，成功是除了辛勤勞動，還需要智慧和能夠精準捕捉未來。因此，有人曾說過這樣一句話：「機會是上帝的別名。」

事實證明，在商業社會中，生意沒有一成不變的，一成不變的只有做生意的腦筋。生意的大小，需要在不同的時期把握住不同的商機。猶太商人始終明白這一點，世界上沒有任何事情都是無止境地好，而且也沒有任何一個行業會一直好下去。對一個聰明的商人來說，適時進行戰略轉移，才不至於使得自己一手創立的公司前景黯淡。

很多商人在做生意的時候十分講究財運，但是對於一個成功的老闆來說，從不把成功歸功於財運，而是憑藉把握精確的市場未來趨勢獲得成功。

由此，有一雙捕捉資訊的慧眼，才能常常從「無」中看出「有」來，也只有這樣的人才能獲得成功。

富人洛克是一位非常成功的猶太商人。平時生意上的事情非常的多，工作也很繁忙。為了和家人在一起放鬆一下，他們決定全家到日本度假，他把工作的事情安排完畢，就帶著家人一起來到了日本。

此時的日本正值盛夏，天氣炎熱，洛克也不願待在有空調的房裡，便一個人去爬富士山。在這炎炎的夏日，唯有在富士山上能找到一分清涼，那是因為富士山上的積雪終年不化，就算是在盛夏，也異常的寒冷，洛克爬到了半山腰，感覺空氣特別新鮮，而且涼爽宜人。

洛克大口吸著這裡的新鮮空氣，頓時覺得身上的疲勞因空氣的緣故，而消失得無影無蹤。「這裡的空氣真是新鮮，不像城裡受到了嚴重的污染。」洛克忍不住讚道。

與此同時，洛克心裡想著，要是我把這麼新鮮的空氣賣給別人，也讓別人來享受一下這種清爽，那該多好呀！

回到住處，洛克對自己的這一想法進行了仔細的分析，相信一定會有這樣的人來購買自己的產品：原因就在於，在那些城市裡居住的人，每天呼吸著污染的空氣，對身體會造成一定的傷害，而新鮮、自然的空氣一定是他們所需要的。特別是那些大病初癒者，也會需要這種新鮮、自然空氣的滋潤。

對於那些長年處於緊張工作的人來說，富士山的大名雖早有耳聞，但因為工作的原因卻無緣親自來這裡感受它帶給人的清爽，再或者想一直享受這裡自然空氣的人都有可能願意掏錢買。

洛克對市場進行詳細分析之後，信心更十足了，他請來專家，把富士山的空氣做了嚴格的測試，事實證明，他的猜測是正確的。富士山的空氣確實對人有著非常多的好處。

得到這個結果之後，洛克就著手申辦開業手續，在富士山的半山腰開辦了一家空氣罐頭廠，主要生產富士山的空氣，洛克的新產品很有特色。把新產品投放到空氣嚴重污染的城市中，得到了很大的成功。

洛克到日本度假，在不經意中又發現了一門賺錢的商機。可以說，他的成功完全來源於他對商機的敏感。爬富士山的人多不勝數，產生這種想法的卻只有他一個。可見，成功的商人善於從最簡單的商機中看出它所包含的複雜內容，並且能用全方位的手段加以利用它們，達到最終的成功。

猶太商人正是善於觀測市場的遠景，對未來的變化做出正確的判斷，並能從中找到大商機。其實，商場到處充滿著不確定性，沒有永遠的贏家，也沒有永遠的輸家。要獲得長久的成功，就需要生意人有著敏銳的眼光，能洞察到未來發展的趨勢，率先走出市場定位的誤區，抓住機會，才能做到領先的優勢。

當然，想要看清未來市場趨勢，就要有明確的目標。猶太商人最精明的地方就是為未來打算。也正是如此，他們才能在商界立於不敗之地。要想率先一步洞察未來，有幾個方面是不容忽視的：

（1）時刻關注行業內的變化。

企業與企業自身的經營方式、發展的方向和規模的大小是公司的核心。市場的需求是無法估計的，所以，要時刻考慮和關注企業在市場上的潛力。否則，只能以虧本收場。

（2）市場的變化不容小覷。

對於所有的生意人來說，市場的變化直接影響著企業的發展。產品品質的好壞、產量的多少，或是促銷措施的力度，都會在消費中間產生不小的影響。預先對這些情況進行一個充分的瞭解，就可以預見市場的行情變化。

（3）時時關注新的政策。

政策的好與壞，直接影響著企業的發展，引起市場的變化。及時掌握新的政策，就能為企業的發展進一步的預測，做出更好的準備。

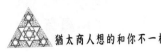

（4）精準捕捉洞察未來。

精準捕捉未來發展的趨勢主要來源於對行業內的變化、市場的變化和政策的變化。只有對這些進行了一個透徹的瞭解，才能從商機中看出它所包含的複雜內容。

所謂能夠洞察大的趨勢，就能找到大的商機。也就是說，誰能提前準確捕捉發展趨勢，誰就能預先站上主位，誰就能占領制高點。

世人把猶太商人稱之為「經商的智才，賺錢的『魔鬼』」。的確，猶太商人在做生意的過程中，能夠把精準捕捉資訊的潛能發揮到極限，把種種合法的賺錢途徑利用到極致。猶太商人正是能洞察市場趨勢，所以他們什麼生意都敢做。因為他們相信，憑藉著自己的智慧和敏銳的觀察力，沒有什麼做不到的。

7. 先下手為強，跟風者瞎忙

人類發展到今天，早已不再是占山為王的時代了。要使自己的事業做大，就要從最熟悉的行業著手，不要輕易改弦更張，更不能隨隨便便的追趕所謂的「熱門」。盲目跟風，肯定會損失慘重。而聰明的投資者「先吃第一口，先邁第一步」，就能領先別人好多步，先人一步，就能達到「錢」途無量。

世人都知道猶太人在歷史上不斷地遭人驅逐，被迫四處流浪，他們的財富可以被任意剝奪，然而只要他們擁有了智慧，他們依然可以憑藉著自己的豐富知識、經商的經驗再次變得富有起來。

猶太人有什麼超人的能力再次富有起來呢？猶太人經商的經驗告訴我們，無論做什麼事情都要先下手為強，只有做到了這一步，才能「錢」途無量。

很多商人在開始經商的時候，總是習慣於別人做什麼生意，他就做什麼生意，看到別人做什麼賺錢，他也以為這麼做一定就能賺錢，喜歡跟風。殊不知，商場就如戰場，變幻莫測，想要在商場上占有一席之地，就要抓住消費者的目光，那就需要自己的產品與眾不同，不能一味的盲目跟風。如果只是一味的看別人怎麼做，自己就怎麼做，那麼，最後結果只能是竹籃打水一場空，別說是賺錢了，不虧本就很不錯了。

仔細想想，就會發現，世界上所有的生意都是由供求關係決定的，只要善於發現供求之間的流向，就能把握供求之間的機會，把握住了供求機會，就相當於把握了生意的本質。猶太商人在最開始投入資金做生意的時候，並不是一味地想著怎樣賺大錢，而是如何把生意做好做大，只有這樣，才能達到他們想要的結果。

生意場上最重要的就是應該有自己的特色，沒有特色就很難在商場上有所發展。否則只會維持在收支平衡甚至是虧損破產的邊緣。就好像一個新鮮的產品或是一個新的行業，剛投入市場的時候吸引很多的消費者，人人對這個行業都十分看好。這就導致很多商人蠢蠢欲動，認為這個行業肯定能賺大錢，就不計後果，把大把錢投入其中。

但是，他們卻忘了，一個行業就如同一艘船一樣，即使這艘船再大再寬，它所承受的重量也是有限的，一旦超出了它的承載範圍，就會導致翻船，那麼就會造成血本無歸的下場。

猶太商人對這點可以說是非常的瞭解，所以，他們在經商的時候從一開始就與眾不同，不盲目跟風，做與別人不一樣的事，並能堅定的做下去。因此，猶太人在商界才創造了其他民族不能相媲美的輝煌。

巴菲特的成功在很大程度上就是先下手為強，在別人還在懵懵懂懂的時候，巴菲特已經下手了。2000年，股市出現了所謂的網路概念股，一些股票只要一沾上網路的邊便立即雞犬升天。但此時的巴菲特卻不為所動，他謙稱自己不懂得高科技，也沒有辦法投資。誰也沒有想到的是，在短短的一年之後，高科技股市在一夜之間出現了嚴重的全球股災，這時候人們才明白他的不懂，實際是不盲目跟風的藉口。

事實上做任何事情上巴菲特都要比別人快一步，比如，1968年5月時，巴菲特持有的資金高達2千5百萬美元，在當時股市一路凱歌的時候，巴菲特卻通知合夥人，他要隱退。很多人不理解他的這一做法。到了1968年的6月份，一路飆升的股市一路直下，漸漸演變成了股災，而這時的巴菲特卻先人一步退出了股市，這時人們才不得不承認巴菲特是個聰明絕頂的商人。

巴菲特每一次都會尋找不同尋常的獲利機會，一旦機會出現，就會猛撲上去。他每一次發現一支好的股票，就不肯把這一消息透露給任何人，包括自己的妻兒，因為他擔心別人會模仿他。巴菲特對上市公司進行仔細的分析，然後記在腦中。一旦變得便宜，他便猛然出擊。在他的森嚴戒備中，他選出一個又一個的廉價小股票。

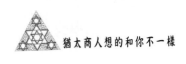

正是巴菲特有著自己的獨特見解，在股市中擺脫追隨大眾的思維，堅持自己獨立的判斷，才能投資取勝。要做到與眾不同確實不易，需要很大的勇氣與自信。

投資就是做生意，常言道：「人怕入錯行」，對於生意來說，就是要確定企業的經營項目和範圍，決定自己適合做哪一行生意，這是生意人要做的第一步。

猶太人常說，商場就是不見硝煙的戰場，商戰就是不動刀兵的戰爭。世上的生意人都懂得抓住先機，而猶太人在這方面有著自己獨到的精明和機敏，他們能成功的抓住許多難得的商機，並能先人一步。有個猶太商人曾說過：「過去有一百個商機，由你選擇；而現在出現一個商機，卻有一百個甚至一千個人去競爭。如果沒有先下手為強的意識，是很難抓住商機的。」

的確如此，猶太人無論在資金上還是經驗上，無不是經過充分準備後才動手做的，有道是「先謀後事得昌，先事後謀者亡」，這句話體現在猶太人在做生意時先下手為強，才能謀取更多的利益。

那麼，如何抓住潛伏在商海中的商機確保自己先人一步呢？看一看猶太人的辦法：

（1）先發制人。

在市場競爭中，要做到先發制人，就要先拿定主意。做生意最基本的要求之一就是要懂得。有人說「學業有專攻」「隔行如隔山」。由於不懂，一些在本質領域頗有建樹的卓越人物也經常大鬧笑話。一個人在這一行業中是內行，而在另一行業中卻有可能是外行。因此，在投資之前，先拿定主意，才能把事業做得得心應手。

（2）先下手為強。

其次就是「先下手」，有了主意之後，就要做好充足的準備，一旦抓住商機，絕對是「先機」，便絕不輕易放手，一直抓到做透做活、賺足賺夠為止。有句話說：「先下手為強，跟風者瞎忙。」等別人明白過來的時候，財富已經掌握在自己的手中了。

（3）先發制勝。

再者就是先發制勝，首戰告捷。市場競爭中「首戰」十分重要，否則便會屈居於人之後。猶太人做生意最忌居後，因他們做生意都是「一鼓作氣」。先一步抓住主動權，「先」得越早，成功的機率也就越大。

（4）不盲目跟風。

有些人看到別人在一夜之間暴富，就輕易涉足自己並不熟悉的行業，盲目的跟風，做上自己不懂的買賣，就像是剪去了身法的大力士一樣，失去了自己的力量，變得和普通人一樣，自己的才華無從發揮，而自己的財富也付之東流。

很多人常常感嘆自己是時運不佳，總是抓不住機會，而更多的人則在空茫的等待中虛耗生命。機會對商人來說無比重要，抓住了機會，就等於抓住了財富。生意場上，並非商人自己想幹什麼就一定幹得了什麼的，還要考慮到本身的經驗、學識和財力，切不可別人做什麼，我就跟著做什麼，盲目追風的後果，只能是瞎忙。

猶太人常說：「幸運之神會光顧世界上每一個人，但如果祂發現這個人並沒有準備好要迎接祂時，祂就會從大門裡走進來，然後從窗子裡飛出去。」顯然，只有時刻注意觀察，周圍到處都存在機會。機會到來時，千萬不要猶豫，先下手為強，在第一時間抓住它，才能開創偉大的事業。

8. 投資管理良好的公司

投資者的興趣主要在投資的公司能否給自己帶來利潤。投資者在投資的時候不僅要注重企業的發展前景，更重要的是領導管理能力的水準和品質。管理層能力的高低決定著企業的成敗。投資錢少但管理良好的公司才能贏取更大更多的利益。

不管是做生意投資還是投資股票，首先要做的就是以低於其內在價值的價格買入，同時也要確信這家企業擁有最正直和最能幹的管理層。投資的目的是為了獲得收益，而獲取收益的前提就是避免一切風險。

人們常說，商場如戰場，風雲變幻，詭秘莫測，風險無處不在，如果一不小心誤入圈套，連本金都會失去，贏利更無從談來。

猶太人正是深知這一點，在投資的時候，對企業管理層的品質考察是非常的嚴格。因為企業的管理和管理階層的品質，行事與思考，直接影響著企業的發展。只有把握好了這些，那麼投資才是真正進入了境界。

猶太商人在投資的時候，投資於被低估的大公司相對於同樣被低估的小公司有更大的投資收益。聰明的猶太商人不僅投資於企業，也投資於人。當他們收購一家優秀企業的同時，也會得到一批優秀的管理者。

那是因為，一批優秀的管理者，行事與思考的準則，都是以企業為出發點的。所以，他們不用親自管理，只需將企業交給優秀管理人才，就可穩中獲利了。

投資大師巴魯克告誡投資者說，寧可投資一家沒什麼資金但管理良好的公司，因為他覺得與其去投資一家資金充裕但管理糟糕的公司，倒不如去投資管理良好資金少的公司。投資並不是把放錢放進去，什麼都不管。投資也要有講究的，特別是對管理能力。只有好的管理方式才能使整個企業有所發展。

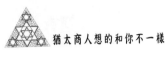

巴菲特在1986年花費4千6百萬美元收購了費奇海默兄弟公司84％的股權。因為這個家族企業不希望辛辛苦苦經營的企業就此破產，所以在巴菲特收購的時候與費奇海默兄弟商議後，決定保留16％的股權給他們。

巴菲特在收購費奇海默兄弟的公司之前，對該公司做過嚴格的調查，巴菲特發現這個公司的領導層非常的有能力，只是企業資金周轉的原因，才不得不把公司拍賣。當巴菲特決定收購費奇海默兄弟公司的時候，就決定把公司的經營權委託給他們。

因為巴菲特相信，這些有家族榮譽感的企業人士不會讓人失望。自巴菲特收購費奇海默兄弟之後，就再也沒有去過公司的總部，因為他相信自己不但是投資了該公司，同時也投資了人才。而公司的領導者也確實做得不錯，在之後的6年時間裡，公司的營業收入足足提高了一倍之多。

巴菲特不但收購了費奇海默兄弟公司，還收購了布朗製鞋公司等眾多企業。巴菲特收購這些公司看重的並非企業的資金，而是企業的品質。正是這些企業有好的品質，才使得巴菲特在收購之後，放心的把企業交予他人來經營。

猶太商人說：「當一些企業出現危機時，就是有利可圖的時候，應該毫不猶豫投資它們。當然，前提條件是這家公司必須有著良好的品質。」

猶太商人堅信，如果能夠遇到可遇不可求的極好機遇，最聰明的做法就是大舉投資。

在市場經濟條件下，企業的興衰成敗，在很大程度上取決於企業經營管理層，都也就是企業領導班底的素質。領導層管理的能力和水準如何，決定著企業的成敗。

聰明人投資者知道，在一個好公司因受到質疑或誤解干擾的時候，必定受到市場的排擠。這個時候，就需要進攻型投資者全神貫注於這些特別時期的公司。因為這樣的好公司

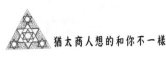

有資本資源和智力資源幫助它們度過難關。

巨大的投資機會來自於優秀企業被不尋常的環境所困，這時會導致這些企業的股票被錯誤低估，當他們需要進行手術治療時，就是投資的好時機。

企業是市場的主體，而企業的一切活動首先是透過企業領導管理者的行動來實現的。許多生產要素基本相同的企業，僅僅由於經營管理者素質上的差異，有的盈利，有的虧損，有的日益興旺，有的逐漸衰敗，這就是有力的實證。

猶太商人在投資時，不僅是要看企業本身的條件，更重視的是企業管理者的品質。那麼，猶太商人是如何以較少資金投資管理良好公司的呢？

（1）誠信應從管理層做起。

企業的誠信是一種無形資產，它反映了企業的信用、實力和形象，良好的信譽可以給企業帶來實質的經濟收益。所以，誠信是企業存在和發展的基礎。企業的誠信是在經營活動中遵守誠信理念，企業才能擁有廣泛的客戶，從而開闢新市場。

這就說明，要提高企業誠信水準，關鍵是提升管理者的誠信文化素質。如果管理階層對股東無強烈的責任感，那麼投資人就要認真考慮是否要投資這樣一家公司。

（2）企業有著良好的發展前景。

企業發展前景的好與壞，與企業經營的產品有著很大的關係。其次就是企業的經營理念，也就是企業文化，它決定著一個企業的發展方向和發展方式。企業的管理體系，產品決定企業的經營方式，文化指導發展方向，管理推動前進的步伐。只有把握好這幾點，才能帶領企業向著積極健全的方向發展。

（3）管理層有著合作精神。

一個企業的首席執行長致力於長期的成長，身邊有一群能力很強的助手，並大量授予職權，主持公司的各個部門和職能，這就是合作精神。合作精神就是齊心協力，成為一個強有力的集體，具有一起分享資訊、觀點和創意，共同決策每個成員的工作，更能強化個人目標和責任，從新進藍領或白領勞工到最高級管理人員，覺得公司是工作的好場所。

（4）節約是管理層不可忽視的重要環節。

只有「摳」的領導才能夠有「摳」的企業精神。換句話說，企業管理層就是企業的靈魂，如果企業有一個不懂得節約的管理層，那麼根本就不會有一個節約的企業。猶太人一直認為「摳」未必是壞事，「摳」可以摳出效益，「摳」可以摳出利潤。所以，企業管理層在培養企業「摳」的精神上，應該從自身做起，上樑正下樑才能夠不歪，只有「摳」的企業領導才能夠有「摳」的企業員工。

可以說，每一個基業長青的企業後面，必定有一個好的管理層。所以好的管理層至關重要。因此，猶太商人在投資的時候，都會考慮清楚把自己的血汗錢押給哪個企業，那就是真正的投資了。

9. 賺女人的錢

當今社會，已形成一股「男人賺錢女人花」的潮流，男人賺錢，女人卻擁有消費的決定權，因此，滿足女人的消費就等於抓住了金錢的命脈。

擅長賺錢的猶太商人認為，經商應該具有獨到的眼光，否則平平庸庸，找不到獲利的突破口。猶太商人把眼睛盯在了女人的口袋上，他們認為經營女士用品更容易賺錢，因為在當今社會上，男人賺錢，女人花錢，這已經是不可更改的普遍現象。女人用男人賺來的錢消費購物，維持正常的家庭生活，因此，雖然男人賺錢，但金錢的開銷權卻掌握在女人手上。

猶太人的經商經驗是賺女人手中的錢，他們認為，掏女人的腰包要比掏男人的腰包容易得多，女人在花錢方面占據著極其主動的地位。一些高檔的商品都是女人的專用品，每一種都價值不菲，只要把握住這一點，銷售讓女人心動的商品，肯定會生意興隆、財源廣進。

因此，商人只要稍稍運用頭腦，抓住有利時機，以「女人」為對象來賺錢，大把大把的鈔票就會自動地進入自己的腰包。在人潮湧動的高級商店裡，無論是豪華商店還是普通百貨公司，女性用品都占據著絕對的統治地位，昂貴的鑽石、豪華的禮服、項鍊、戒指、香水、手提包等女人專用商品比比皆是，無一不在等待著女性的惠顧。著名的猶太人史特勞斯和基廷就是依靠經營女性用品而發財致富的。

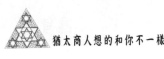

世界赫赫有名的高級百貨公司「梅西」公司，就是猶太人史特勞斯一手創辦起來的。史特勞斯最初是一名童工，後來當了小商店的店員。他在做店員的時候發現，小店裡的顧客多為女性，即使有男士陪著女性來購物，最後的購買權也在女性手中。史特勞斯根據觀察和判斷，決定把生意重點放在女性用品市場上，這樣前景才會更加廣闊。所以在他開始經營小商店時，就經營女性時裝、裝飾品、化妝品。

果然如史特勞斯所料，小商店生意興隆，利潤可觀。他繼續堅持以女士為主的銷售方向，並且擴大商店規模，公司的銷售額迅速增長。經過幾年辛勤的經營，史特勞斯手中積累了一筆錢財，開始經營鑽石、金銀首飾等高級商品。在美國紐約的「梅西」百貨公司，一共有6層銷售店面，女性時裝占兩層；鑽石、金銀等貴重首飾占一層；化妝品占一層；其他兩層出售一些綜合類商品。由此可見，在「梅西」百貨公司，女性商品占了絕對的優勢。

經過30多年的辛苦經營，史特勞斯把一間不起眼的小商店，做成了世界一流的百貨公司，這與其選擇女性為售貨目標有決定性的關係。對於自己的成功，史特勞斯這樣說：「我盯上了一大群女人，我的店員也全部盯上了她們。」

無獨有偶，有一個名叫基廷的法國人在巴黎開了一家百貨商店，地理位置很好，每天顧客盈門，但銷售額一直不高。基廷心裡十分鬱悶。於是，他決定到那些生意興旺的商場去考察。

這次考察使基廷受益匪淺，他發現了這樣一個規律：平時光顧商店的人以女性顧客居多，差不多占了80%，偶爾有男士來商店，也是陪妻子買東西，很少單獨購物。在這些女顧客中間，白天來購物的大多是家庭主婦，晚上5點半以後來購物的大多是下班後的白領階層。

基廷豁然開朗，他果斷地將銷售目標放在女性身上。在所有的銷售櫃檯裡，他都擺上女性感興趣的高檔飾物和日常用品。商店內充滿了朝氣蓬勃的氣息，以迎合那些年輕女性的購物需要。凡是年輕女性需要的、喜歡的、能夠引起她們購買欲望的商品，他都儘量地予以滿足。為了更好地吸引女性顧客，他將營業時間分為白天和晚上，分別針對家庭主婦和職業婦女，白天他擺放家庭主婦感興趣的衣料、內褲、手工藝品、廚房用品等日常生活必需品；晚上則改為時髦的商品，例如內衣、迷你裙、迷你用品、香水等，而且陳列的都是年輕人喜歡的樣式。總之，年輕職業婦女和家庭主婦喜歡的商品這裡應有盡有。

基廷新式的經營方法給他帶來了信心和大量的財富。來他商店購物的人越來越多，然而基廷又遇到了這樣一個問題：他的百貨公司營業面積太小，如果完全模仿大型百貨公司，做到各種花色品種都具備的話，恐怕不可能。基廷面臨著一個選擇，要麼是維持現狀，要麼向專業化方向發展，只經營一類商品。基廷經過充分的思考，決定只經營襪子和內衣。

剛開始，顧客對這種經營方式很不理解，但基廷相信自己的選擇是對的，這家高檔襪子和內衣的專賣店最終獲得了成功。許多購買襪子和內衣的女性都不約而同地來到基廷的商店裡。與此同時，基廷堅持「讓利顧客」的經營方針。其他商店250元一雙的襪子，基廷儘量廉價進貨，然後以每雙200元的價格賣出，同時大量增加襪子的種類。皇天不負苦心人，2個月後，襪子的銷售額整整增加了5倍，許多顧客慕名而來。

襪子銷售成功使基廷信心百倍地從事內衣的銷售，他進口了法國最流行的樣式，進行廣泛的宣傳。新款式的內衣竟然馬上形成了一股潮流。這種內衣和其他內衣相比增加了女性的性感美。因為，法國女人在家裡穿得比較暴露，這種內衣滿足了她們吸引丈夫視覺的需要，銷售十分熱烈。不久，基廷的百貨商店擁有世界上最流行的內衣的消息，傳遍了全國，許多時髦女性聞訊前來購買，不久基廷就財源滾滾，現在分銷點有一百多家，分佈在法國各地。

不少猶太商人以女性為銷售對象，他們明白，「讓女人動心就能有收穫，因為女人比男人能花錢」，只要瞄準了女人這個市場消費主體，就肯定能獲得極大的利潤。

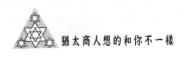

10. 脾氣來了，福氣走了

一個人如果想要和別人建立良好的人際關係，絕不能要求對方依照規定的模式做事，或處處講求利益。解決人與人之間不愉快的唯一方法，就是去理解。這真是唯一的途徑。舊約箴言第十四章第二十九節：「不輕易發怒的人才有真智慧。」

圓滿人生不僅限於個人的獨立，還需追求人際關係的成功，維繫人與人之間的情誼，最重要的不是技巧，而是誠信，從而獲得別人的理解。

理解使人改變態度，內心的不悅和批評也會慢慢冰釋。現在你應該有所領悟了吧！與別人相處的不二法則，就是理解。人際關係的分歧，就是由於彼此的不理解。人與人之間的衝突、不悅、仇視、挫折、淡漠和分離，也都是因為互相不理解。

如果你想要和別人合作、相處，首先就必須懂得理解別人。

假設你是個做保險生意的人。原先你和你的另一半約好星期四晚上要共進晚餐，一起玩橋牌。星期四早上你和一個客戶洽談愉快，而且他答應帶他太太到你辦公室來詳談瞭解保險條款，並簽訂合約。不巧的是，他們只有星期四晚上才有時間和你見面。你頹喪地打電話回家，告訴「另一半」今天不能回家吃晚飯，電話的另一頭傳來失望的音調，這是可想而知的。

就這樣你必須留在辦公室，不能回家吃飯，你只好跑出去買了一份三明治、一杯熱咖啡當晚餐。這天晚上下著大雨，天氣顯得特別寒冷。於是你愈想愈覺得有點對不起自己，這麼淒冷的晚上，竟然不能回家享受溫暖，以及和朋友相聚的樂趣。你沒趣地喝著咖啡，一面等你的客戶，然而約定的時間已經過去了，卻仍不見他們到來。又半小時過去了，他們還是沒來。過了一小時，你實在等得不耐煩了，所以打電話到客戶家，結果沒有人接。過了一個半小時後，你才決定鎖了辦公室門，回家去了。你心裡忿忿地自言自語：「至少，禮貌上他們可以打個電話來。」這個原本快樂的晚上泡湯了。直到上床前，你還遲遲不能平息內心的氣憤和懊惱，你覺得應該把這客戶列為「拒絕往來戶」。

第二天早上大約九點鐘，你坐在辦公室桌前，桌上的電話鈴響了，是那個客戶打來的。他急急地解釋說：「昨天晚上沒到你辦公室去，我很抱歉，因為在路上，我們發生了

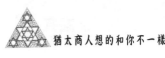

很嚴重的意外。由於下雨路滑，我的車子撞車了。從昨天晚上一直到現在，我們都在醫院裡，我曾打過電話，不過那時你大概走了。」

你還會生他們的氣嗎？你還會認為他們不講信用，說話不算數，而且應該「拒絕往來」嗎？不，當然不會。你可能還會有一點罪惡感，因為他們是在來拜訪你的路上出事的。現在你理解了吧！

假設你是經理，其中有一位秘書習慣提早五分鐘下班。每天下午五點差十分時，她就開始收拾桌上的東西，五點差五分時，她就走到辦公室大門口準備走了。你很生氣她竟是個這麼準時的看錶員。如果不是她工作表現得不錯，你早就警告她這種早退五分鐘的習慣。

然而，你心中的憤怒已經無法壓抑了。你把她叫到你的辦公室，準備好好叱責她一番。你先告訴她，她這種早退的習慣大家都注意到了，你希望她能夠提出合理的解釋。她回答說：「是的，我知道這是不應該的。但是你理解，我是個寡婦，心中唯一的支柱就是三個小孩子。我請了一位婦人幫我帶小孩，但是她五點四十五分前必須離開。如果我搭上了五點鐘的巴士，就能在五點四十五分回到家；否則，下一班巴士的時間是五點四十五分，如果我搭這班車，回到家就要六點半了。這四十五分鐘內我不能讓我的孩子沒有人照顧。我一直不願說出這個原因，因為我害怕失掉這份工作。」

聽了這些話，你還會生氣嗎？還會懊惱嗎？如果是你，你也一定和這個經理一樣不生氣了，因為他知道原因了。他可能會馬上和公司方面協議，安排秘書每天提早五分鐘離開，再利用其他時間補回來。

這些都是別人惹得你生氣的例子。在日常生活中，你總難免會碰到類似的人和事，惹得你「火冒三丈」。在工作的時候，你可能因為別人的干擾，或浪費時間而生氣；在路上，你可能碰到別人的車開得太快或太慢，或太靠近你了，或擋在你的面前；在家裡，家人之中也不免出現層出不窮的衝突和爭吵。如果你以任其發展的態度，面對這一連串的生活插曲，你會發現生活將是不間斷的情緒衝擊和創傷的累積。消極的生活態度除了會使你感到痛苦外，也會使你悶出病來。

如果你能覺悟到生活的環境、機遇和他人，這些都是無法控制的外在因素，唯一能控制的是你對這些外在因素的態度，這才是明智之舉。如果你保持著去理解別人的心態，你一定能化解大部分不愉快，同時這也正是他們所需要的。他們每個人的內心裡無不隨時吶喊著：「請你來理解我。」

每個人都渴望被別人理解，這種心態的產生是由於他們不理解自己。

蘇格拉底的不朽名言，「理解自己」所影射的是一種追求的精神——而不是一種目的。監獄裡的所有罪犯都有一個共同的特點，他們通常會說：「我不知道我為什麼會這樣做。不是我的錯，不要罵我，請求你理解這一點，也理解我！」

有一天，一個任性的年輕小夥子憂心忡忡地跑來找牧師。他見到這位牧師時第一句話就是：「我必須找個理解我的人談談。」

猶太人說得好：「的確，人類內心深處一直渴求被理解，就像花朵需求陽光的照射一樣。」人類需要被理解，還有什麼比和別人達成良好的溝通，付出你的關心去理解別人，更能和他們相處愉快呢？

你的先生或太太可能經常會說：「我知道我對你說得太多，也夠尖銳，但是在你掩耳不聽，事態變得不可收拾之前，請你替我想想。我覺得好累，我要擔心每個月的支出，事情多得好像永遠做不完，還有小孩子的事。我又是背痛，又是頭痛。求求你，不要只對我發脾氣，或老是掉頭不理我，請你理解我！」

有多少家庭的破碎不是由於彼此無法滿足被理解的渴求而造成的？你看很多男女，

彼此之間並沒有真正的愛，他們也不重視彼此的理解。「家裡沒有人理解我」這雖然是一句常聽見的老話，但是它所包含的意義，卻是值得我們深思的。

另外，受雇的職員也可能發出不平之鳴：「我知道我有時候傻裡傻氣的，而且好像不怎麼認真。我可能會上班遲到，午餐時間在餐廳發牢騷。但是在你炒我的魷魚的時候，或者認定我對公司沒有貢獻之前，請替我想想。我家裡有一大堆問題，而且整天站著，將資料放進檔案櫃裡，這樣機械性的工作使我覺得很疲倦。求求你，理解我吧！」

買東西的人可能也有意見要對推銷員說：「等一下，你講了一大堆道理，就是要找理由賣出你的產品，我知道你準備了很多精心設計過的方法要叫我掏腰包，但是你怎麼會知道我需要你所賣的東西？你並不理解我。」

事實上，有一項對購物者所做出的調查顯示，為什麼他們最不喜歡推銷員，結果大部分的人回答是：「推銷員好像並不理解我真正的需求！」推銷員通常都不太用心，他們只是一味相信，他們的產品就是客戶所需要的，他們從來不試著去理解客戶，然而這卻是維持任何一種人際關係所必備的。理解必須是經過相互溝通，而不是想當然的事。

有時候需要以言語或行動表達出來，有時卻只需要心照不宣的默契，只需要幾句話也許就能解開別人心中的結。

例如，你上了一天班，既忙而且煩的事搞得你筋疲力盡，好不容易才熬到下班。當你開車回到家時，就看到孩子的三輪車停在車道中間。你只好下車將它抬到路邊，停好車子後，踏著疲憊的沉重步履走進屋裡，將門用力一推，這時你最想聽到什麼樣的話？

「你今天晚上幹嘛這麼火爆啊？」或者想聽到：「怎麼了，你今天不太順利吧！我理解你的感覺」，表達理解與關心的簡單方法，就這麼一句話：「我理解你的感覺！」這就夠令人感動的了。

接到電話後，你的第一個反應可能會駁斥對方：「你沒有理由這麼講。錯誤的原因是你們採購部造成的，我們一發現就馬上採取補救措施了。你可以問問下訂單的工廠，你就知道所有的貨早在兩天前，已經到達卸貨碼頭了。」

也許你是對的，但是如果你希望這個人能夠接受你的辯解，那麼你這樣的做法就錯了。你沒有表達你理解這個人的感覺。如果你想維持彼此間愉快的關係。面對這樣的抱怨，你必須和對方溝通，讓他知道你理解並尊重他有權利這麼想。你不說出來，他怎麼會知道你的想法呢！

不要忘了：「你給別人需要的，他們也會給予你所需要的。」如果你沒有付出理解的心，你就別想跟別人愉快相處，工作的進展可能緩慢，也無法和你周圍的人發展更深刻、更親切的人際關係。

與人相處時，你必須隨時記得這個原則，並努力去做。雖然有時候會遇到困難，而有時你可能會忘記。但是盡力去做。當你初嘗果實時，你就能獲得莫大的鼓勵。記住：達到理解的效果，並沒有固定的方式。

第二章　魅力會吸引人，權力能遠離人

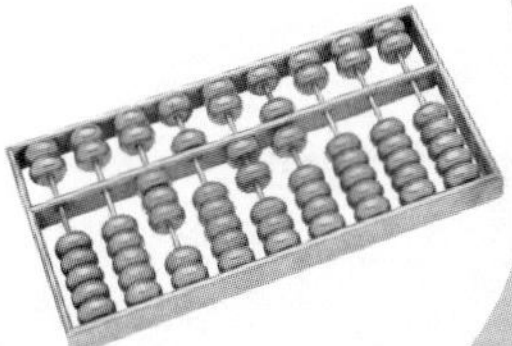

從希臘時代開始，猶太民族就在地球上到處漂泊，隨遇而安，到哪裡就把生意做到哪裡。在惡劣的生存環境中，猶太商人能夠把一門生意做大、把企業做強，離不開他們出色的營商理念、經營智慧。

無論洛克菲勒式經營的循序漸進、穩紮穩打，還是阿曼德·哈默的南征北戰、橫貫中西，謎一樣的猶太商人給我們展示了逆境多於順境、危機常常相伴環境下的高超財技、經營魅力。

1. 善，能增加人性之美

在商業活動領域中，不僅要注重培養個人的知識和能力，還要培養一個人對善惡心的辨別能力。經營公司不僅僅是需要個人的努力，就能獲得自己想的結果。政府和社會的支持是一個企業不可缺少的支柱。

要把投資經商做到商界最高點，就不可少了善。善，不僅可以增加人性之美，關鍵時刻還是企業在商界中制勝的法寶。對於商業人士來說，千萬不可忽視它的威力。

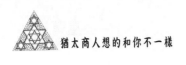

在一百年前猶太商人就已經明白了一個道理：樂於做善事。經歷了太多血淚寫不盡的歷史，猶太人更加虔誠地堅定了以善為本的信念。實際上這種行為也是一種生意經，做慈善事業不僅能夠給人們幫助，給社會貢獻，同時還能提高企業的知名度，擴大影響，讓更多的人對公司和產品留下深刻而美好的印象。

猶太人很注意善惡的價值判斷，他們認為，善惡之辯具有永恆性的人格魅力。因此，猶太人在慈善事業上捐款數目大得驚人，不只是因為猶太人有錢，也是為了推展猶太人在社會中的地位。善惡分明，是猶太人誠實或信用的魔力所在。

《塔木德》上說：「與眾人為善，聲名永存。」縱觀眾多猶太人的成功歷程，就會注意到，他們有一個共同的舉措，即是在發財致富中，也不忘慷慨解囊做各種善事和公益事業。猶太人之所以這麼做的原因就是為了提高企業的知名度、擴大影響、博取消費者的好感，歸根結底是一種生意經，對企業鞏固已占有市場以及為今後擴大市場占有率產生著一定的作用。

猶太人強調善惡之辯，因為善惡的判斷，要從自己開始。但猶太人並不把善惡看成是絕對的。《塔木德》是這樣說的：「凡能超越別人的人，都受過兩種教育——一種受自教師，另外一種受自自己。」在猶太人的眼裡，並不認為好人就會一直好到底，壞人未必是壞得不可救藥。每個人都有「好」與「壞」兩個方面，任何好人都會有「壞」的一面，任何壞人也有「好」的一面。有的時候，猶太人應該要以個人的善來改造自己、改造世界，這種改變並不是單純的為自己或是為他人和社會。

猶太人的善惡觀，非常的有分寸，而且，易於為人們所理解和接受。這正是猶太人絕妙的處世智慧。一則猶太故事就很能說明猶太人是如何看待善惡問題的。

有一個人一生都非常的自私，只想到自己，從來都沒有顧慮過別人。等到他快要死的時候，他的家人就催促他吃點東西。他就說：「如果你們給我一個熟雞蛋，我就把它吃了。」

他剛要張嘴，正好一個窮人就出現在門階前乞求道：「給我點吃的吧！」而這位將死之人把頭轉向家人，並命令家人把自己的雞蛋送給乞丐吃。

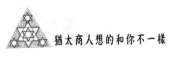

到了臨死時，他的兒子不明白一向自私的父親為什麼會有如此做法，就問道：「父親，你所去的世界是什麼樣的？」父親答道：「要以實際行動行善，才會在你將要去的世界占有一席之地。希望我所有的罪過都因為那一個雞蛋而抵消，在我死之後，天堂能接納我。」

這個故事說明，做善事可以抵消自己的罪惡心。那麼如何去行善呢？猶太人從來都把「以善」為本作為一項重要的經營策略，除了與其民族的歷史背景有關外，同時也是一種促銷的好辦法。他們利用善意的、親切的、溫和的態度與人交往，就是希望自己的民族被人注目、受人重視。

在19世期中期到20世紀初，俄國猶太銀行家金茲堡家族，從1840年創立第一家銀行起，經過幾十年的辛苦經營，在俄國開設了多家銀行，並與西歐金融界建立了廣泛的業務關係，幾年過後，就發展成為俄國最大的金融集團，金茲堡家族也就成了世界知名的大富豪。

金茲堡家族和其他猶太富豪一樣，在獲得大量的財富之後，大量的做起了慈善工作。他們經過了俄國沙皇的同意之後，在彼得堡建立了第二家猶太會堂。

到了1863年，他們又拿出大量的資金，建立俄國猶太教育普及協會；他們以南部莊園獲得的利潤，建立了猶太農村定居點。到了金茲堡家族第二代的時候，慈善事業一直沒有停止過。金茲堡家族還把歐洲最大的圖書館捐贈給耶路撒冷，作為猶太公共圖書館。

在整個猶太民族中，猶太人相信，他們會因為他們的善使自己變得更加富有。猶太民族對慈善事業孜孜不倦的奉獻與猶太歷史背景和文化傳統有著很大的關係。在他們看來，提供幫助是「富人的責任」，獲得幫助是「窮人的權利」。這也是因為猶太人在長期流亡的艱苦歲月中，經歷的苦難，才會在富有之後，一直遵循「以善為本」的原則。

善，是一個人最可貴的財富，它就是人的地位、身分和財產。它使一切階層一切地位的人變得高貴。它的影響無處不在，正是這些善最為可貴，它才受整個人類的尊敬。善，雖然不是命運攸關的東西，卻能體現人性之美。具有這種品質的人，他就有了無比強大的力量。有力量抵制邪惡，有力量戰勝各種困難和不幸。

美國猶太商人史特勞斯是商店一名記帳員，從年輕時候開始，憑藉著自己的努力。史特勞斯步步升遷，最後成為美國最大的百貨公司之一的總經理。

到了20世紀30年代的時候，他已經成為了世界上首屈一指的巨富。在他獲得財富之後，並沒有忘記猶太人一直遵循的原則，那就是慈善活動。

史特勞斯除了關心公司員工的福利之外，還捐資興建牛奶消毒站，並為美國36個城市的嬰兒分發消毒牛奶。到了1920年，他捐資在美國和其他國家設立了297個施奶站。除此之外，他還資助建設公共衛生事業。美國新澤西州建立的第一個兒童結核病防治所就是他在1909年出資建立的。

事實上，猶太人大量的投資慈善事業，一方面可以贏得當地政府的好感，而另一方面也是為了更有利的經營條件。有些猶太商人由於對所在國的公益事業有重大的義舉，獲得當地政府的優惠條件，開發房地產、礦山等等，從而拓寬了更多的賺錢道路。

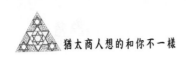

猶太人和非猶太人對慈善捐贈的看法不同。猶太人從小受教育，做慈善是根源於社會正義，而不是基於愛心或是可憐其他同胞。猶太人捐贈時，常常會提到是為了支持社會正義，因為猶太人擁有被踐踏的長久歷史。

猶太人有一句諺語：「出錢的人講話最大聲。」儘管有些人認為猶太人很吝嗇，事實並非如此。猶太人是最有善心的族裔之一。尤其是在美國，美籍猶太人的力量更為強大，他們善於組織和動員經濟的力量。他們所捐贈的慈善事業，不僅能支持散居在世界各地的猶太人，同時也協助了個別猶太人在經濟上的發展。

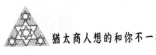

2. 自大是罪惡的捷徑

對於經商的人來說，自大是「魔鬼」，是無知的假面具，更是成功的最大絆腳石。人人都知道商場如戰場，是一個沒有硝煙的戰場。要想在沒有硝煙的戰場上取得自己想要的成功，那就要拋開自大，學會謙遜。因為，謙遜是情緒的最好調節器，既能保持自我本色，還能與成功相連。

有很多人厭惡別人的漠不關心，總以為自己是世界的中心，周圍的人都不能不重視自己，同時更為自己沒有達到更高的目標而生氣，由此就會產生過度的自我嫌惡。這種情況，猶太人都認為是自大的一種。

世界上有很多不完美的東西，但是其中最為醜陋的便是「自大」。猶太人有一句批評自大的話：「沒有你，太陽照樣東升、西下。」沒錯，在猶太人看來，自滿自大，就是一個人不思進取的表示；自滿自大，不僅會讓一個人失去應有的謙虛，還讓人錯過改過向上的念頭。不但如此，自滿自大更容易讓人犯錯。因此，猶太人說：自大是一種愚昧。

做生意最大的忌諱就是自大。很多人喜歡吹牛，把自己取得的成績任意誇大。如此長久下去，不僅會給自己造成較大的心理壓力，還會給自己的生意帶來不必要的麻煩。因此，做人還是應該坦誠一些、謙虛一些，壓力自然就少一些，離成功也就更近一些。

猶太人說：「如果自己的內心已由自己占滿時，就再也不會有留給神住的地方了。」的確，在猶太人中，在誇獎別人之前，絕不會誇獎自己。

謙虛在任何時候都是一種美德，因此《塔木德》對謙虛有著很嚴格的規定。告誡人們說：「即使是一個賢人，只要他炫耀自己的知識，他就不如一個以無知為恥的愚者。」

延伸至做生意也是如此，做生意的人千萬不可驕傲自大，要有一顆謙遜的心，這樣不僅可以提升個人的親和力，增加自身的魅力，也能獲得比別人更多的商業夥伴和利潤。猶太人總是把事業的成功歸於運氣好；事業不順利時，原因歸於自己。只有抱持這樣想法的商人才能賺到錢。

把生意做大做好，對於猶太人來說並不是一件困難的事，困難的是如何克制自己內在的驕傲和自大，特別是在生意一帆風順的時候，如果沒有謙遜、警惕的心態，就很容易使頭腦發熱，遭遇挫折。最後只能在失敗的邊沿不停的徘徊。

在猶太會堂，到了安息日都有很多猶太信徒來這裡虔誠的祈禱。有一天，這裡有一位從事神聖工作的拉比好像在教堂內熟睡。他的旁邊坐著幾個猶太信徒，他們做完祈禱之後，閒來無事，就一起討論起這位神聖的人無與倫比的美德。

一個信徒帶著陶醉叫了出來，「你們看他是多麼的虔誠呀，仔細想想，在整個波蘭恐怕再也找不到像他一樣的人了！」

「說得一點也不錯，在這個世界上恐怕沒有人比他更仁慈了。」另一個信徒狂熱的吶喊道，「是啊，他能給人寬廣無私的施捨，其他的人是沒有辦法與他相提並論的。」

「你們說的真是太正確了，還有誰能像他一樣，有著溫和的脾氣！你們有誰見到過他激動嗎？」另一個信徒眼睛發光地低語。

「啊，他是那麼的博學呀！」一個信徒用聖歌般的調子說，「他簡直就是我們心目中的第二個拉比！」

信徒們說完之後，他們陷入了沉思。聽到他們的談話。那位熟睡的拉比掙開一隻眼睛，用一種極其受傷害的表情看著這幾個信徒。

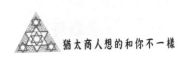

「你們怎麼沒有一個人說說我的謙虛呢？」他責備說。

這則故事的名字就叫《謙虛的拉比》，它嘲諷了一個毫不謙虛的拉比的愚蠢。不把內在輕易顯現給別人看的人，才是世上最聰明的人。不自大，也是猶太民族處世技藝之一。

因此，無論是做人還是做生意，都不能過於自大，時刻保持一顆謙遜的心，才能獲得更多的朋友，更多的商業夥伴。

現今商界已成為猶太人的「天下」，猶太人除了知己知彼之外，還有著勝不驕敗不餒的氣魄。因為他們知道牢記著商人的本分，才是基業長青的法寶。一個人不自我表現，反而會顯得與眾不同；一個不自以為是的人，才會超出眾人；一個自誇的人永遠都不會贏得成功的；一個自負的人永遠都不會進步的。

真正的智慧不是自大，而是謙遜，謙遜並非自我否定；謙遜也不表示謙卑；它是自我肯定，自我信任的一種表現。不論做什麼事情，只有謙虛謹慎，才能保持不斷進取的精神，才能增長更多的知識和智慧。永不自滿，不斷前進可以使人冷靜思考，謹慎處事。否則，驕傲自大，只能滿足現狀，停滯不前，主觀判斷，輕者會使事業受到損失，而重則會導致事業半途而廢。

猶太人在成功之後一直保持謙遜的態度，即使擁有顯赫的地位，卻沒有頤指氣使、不可一世。因為，他們知道，商業世界是複雜多變的，每一次的成功都會過去。成功的商人，大多有返璞歸真的淡定。在其他方面，猶太人一直是不驕奢淫逸、大肆揮霍，每一分錢對他們來說都是非常的重要。儘管他們擁有百萬財富，他們依然是堅持以儉養德、養身、養廉、樸實無華。這種低調、謙遜的作風，讓他們遠離了驕傲自大和無知。也正是這個原因，他們的生意才能做長做久做大。

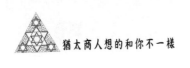

在經營過程中，有很多商人為自己取得的成功而自我陶醉，以致被成功沖昏了頭腦，這樣導致失敗的例子數不勝數。因此，猶太人認為，避免這種情況發生的方法有以下幾個方面：

（1）把每次的成功看成一件平常事。

對於猶太人來說，成功就是一件輕而易舉的事。把每一次的成功都看成一件非常平常的事，才不至於被成功沖昏了頭腦，做出錯誤的判斷，更不至於遭受他人的妒忌。

（2）成功後保持低調、平和的心態。

成功後保持低調、平和的心態，才能壓抑自己的自滿情緒，保持冷靜、理性的頭腦。也只有保持平和的心態，才能使事業更上一層樓。所以，在成功之後，就要時刻警惕自己，若有驕傲的心，遲早有一天會碰壁的。

（3）任何時候都不誇大自己的成就。

自大是危險的，不自大，是一個有涵養的生意人對自己的基本要求。商戰中，自大是最不必要的，自大的想法會迷惑商人寶貴的理性。很多人在誇下海口的時候很是舒服，但是過後往往有如芒刺在身的感覺，有朝一日被他人戳穿，只能面對難以下臺的困窘了。

猶太人時刻牢記《塔木德》裡的一句警告：「金錢是自大的捷徑，而自大是罪惡心的捷徑。」保持平和的心態，不自大，是一個成功的猶太商人對自己提出的最基本要求。

3. 愛護每個人，哪怕是你的敵人

不管是在經商過程中，還是在生活過程中，要做到人的心胸，比紅海更廣闊，愛護身邊的每一個人，甚至是自己的敵人，才能贏得更多人的尊敬和愛護。聰明的猶太人懂得，獲得成功，聚積財富必須要有寬闊的心胸和豁達的處世方式，如此才會讓自己贏得更多的朋友，更多的廣闊資源，有了廣闊資源，生意才會越來越興旺。

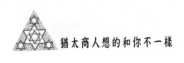

在歷史的長河中，猶太人受盡迫害，歷盡坎坷，人生幾乎就是奔波亡命。當猶太人有能力主宰異族命運的時候，他們卻並不像當年遭受迫害追殺那樣迫害侮辱其他的民族。相反的，他們以平常心對待其他人，甚至用愛心去幫助他們。

大家都知道，愛護自己每一個人都很容易做到，可是要像愛自己一樣愛護世上的每一個人，就有些難度了。而猶太人卻做到了這一點。猶太人有句名言說：「誰是最強大的人？化敵為友的人。」

猶太人一直相信這樣一句話：「神一下子造出那麼多的人，是為了告訴我們，誰奪取了一個人的生命，就等於殺害全人類。」相對的，如果誰能求一個人的命，就等於拯救了全世界的生命；同樣，愛一個人時，就等於愛上整個世界的人。

在很多人看來，不斷獲得財富的目的有兩個，一個是為了實現個人的價值，而另一個就是享受生活。猶太人獲得財富的第一個目的就是實現個人價值。儘管實現個人價值方式有很多種，對於猶太人而言，用自己的財富造福於別人才是最重要的。

猶太人用自己賺來的財富去幫助別人，他們自身也覺得是一件意義非常重大的事。因為他們始終相信，只要用心去幫助別人，愛護別人，別人才會幫助自己，愛自己，如果自己能愛護每一個人，就會擁有整個世界。

有的時候不得不說，猶太人的這種財富觀很多人也許很不理解，但卻是一種難得的財富智慧。猶太父母教育自己的孩子：幫助別人，別人也會幫助你，正如愛別人，別人也會愛你一樣，包括你的敵人。對整個人類充滿愛心而去真誠愛護每一個人，這就是千百年來猶太人傑出的處世智慧。猶太人一直認為，人類是一個祖先繁衍下來的，所以是同源同根，就應該去愛整個人類。在《塔木德》中有一則約瑟夫接納他的哥哥故事，猶太人一直把它視為為人處世的典範。

約瑟夫是雅各的兒子，從小就很聰明，深受雅各的喜愛。就因為如此，卻遭到了兄長們的忌妒，兄長決定除掉約瑟夫，想來想去，最好的辦法就是把他賣到埃及為奴。可是誰也沒有想到的是，長大後的約瑟夫竟在埃及做到宰相。

有一年因為家鄉鬧饑荒，在無奈之下，他的哥哥們結伴來到埃及尋求食物，剛巧，碰上了約瑟夫。

當約瑟夫發現自己的哥哥時，他高興得控制不住情緒，對著眾僕人大聲斥道：「所有的人都讓開！」

等僕人都離開後，約瑟夫走到哥哥們的面前對他們說：「我是約瑟夫，我的父親還好嗎？」

可是，他們的哥哥們此時並不認識約瑟夫，一個個都沒有回答他，聽了他的問話，只是目瞪口呆，不知道該怎麼辦。

接著，約瑟夫又對哥哥們說：「你們走近些，看清楚，我是你們的弟弟約瑟夫，你們曾經把我賣到埃及。」

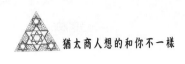

兄長們都不敢相信。但是，當他們明白一切都是真的時，他們看著約瑟夫如此的威風，權傾天下，更嚇得說不出話來了。

但是，約瑟夫卻說：「現在，你們不要因為把我賣到這裡而自責不已；那是上帝是為了救我的命，才把我送到了這裡。在家鄉發生的饑荒已經有兩年的時間了，在接下來的五年裡，還會是顆粒無收。上帝把我送到埃及，是為了讓你們能夠繼續存活下去，是以特別的方式救你們。所以是上帝把我送到這裡的，而不是你們。上帝使我成為了法老的父親，所有的財產，整個埃及的統治者。」

約瑟夫的每一句話，都把自己少年時所受的苦難，看成是上帝拯救自己的行為。事實上，他的這種行為是一種寬以待人、化敵為友的待人之道。

猶太民族雖然備受迫害和欺辱，但是他們能夠從硬幣的另一面看待福禍的關係，一切的錯是為了明天的好，一切的好是因為曾經的錯。所以猶太人對人持有一種寬以待人、化敵為友的處世為人之道，這就是猶太民族的偉大和高尚之處。

諒解和接受曾經傷害過你的人，才是最好的待人之道。為此，猶太拉比高度讚美那些能忍受侮辱，聽到別人誹謗自己，卻不反擊的人。

《塔木德》說：「人的心胸，應該比紅海更廣闊。」聰明的猶太人懂得，寬闊的心胸和豁達的處世方式會讓自己贏得更多的朋友。今天的猶太人是十分團結的，如果兩個猶太人之間有什麼誤會的話，相互迴避，與他們很熟的老人會主動上前，使其中一方首先開口，這樣做，會使兩個人之間的怒氣平息不少，甚至可以握手言和。

聰明的猶太人懂得，只有愛護每個人，才能得到別人的愛護。猶太人始終記得，怎麼對待別人，別人就會怎樣對待你，如果你能愛護世界上的每一個人，那麼就會得到全世界。

《塔木德》中有這樣的解釋：「神在開始的時候，為什麼僅僅創造一個人呢？其原因就是為了防止任何人說他自己的血統優於別人的血統。只有造一個人，才會讓大家都認為來自同一個祖先，所以，也就不會有這一個民族比另外一個民族更優越的說法了。實際上，大家是從同一個亞當繁衍而來的。」

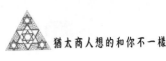

其中，亞當的頭，是來自於樂園的泥土；他的身體則來源於巴比倫的泥土；至於他的雙腿，則是網羅了全世界的泥土所造成的。

也正是亞當的創造運用了全世界的泥土，所以，「亞當」這兩個字，在猶太人的心中，就是人的存在是世界性的，無論是什麼民族，什麼國家的人，都應該視為兄弟。只要是兄弟，就應該去愛護每一個人，關心每一個人。對於猶太人來說，愛護就是為了給予別人而放棄自己的某種東西，這本來是種善舉，但是在給予愛護的時候千萬不可輕視對方，那麼這種行為實際上比不愛護還要糟糕。

正是猶太人受其父母的影響，猶太孩子無論是面對殘疾者還是其他方面的弱者時，他們從不去嘲弄，也從不會輕視別人，他們總是能以平等的姿態想方設法地去幫助和愛護這些可憐的人。

有一個猶太女孩子為人善良、熱誠助人。不光是對自己的親人，對待同事也是如此。因為這個女孩一直堅信善待別人就是善待自己，愛別人，別人也會愛自己。但這種愛一定是發自內心的，不帶任何利己成分。

如果關愛別人，是為了從別人身上獲取更多的好處，那麼這種關愛就沒有任何存在的意義了。「愛別人是無條件的。」不僅是猶太父母時常給孩子灌輸的一種品質，更是每一個人的博愛情懷。延伸至商界，猶太人的這種愛護，也是個人價值的一種實現，猶太的商人們一直認為，愛護每個人，包括自己的敵人，才能在商界長久的立足下去，才能獲得更多的財富和人脈資源。

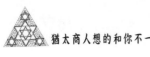

4. 推銷從淡化顧客的排斥心理開始

推銷是經營企業不可缺少的一個重要環節，推銷最主要的是淡化顧客的排斥心理，只有消除了顧客的排斥心理，才能把自己的商品順利推銷出去。所以說，每個人都不喜歡被別人逼得太過分而就範，軟推銷不但不會給他人製造太多的壓力，也能使成交大有希望。

在推銷的時候，排斥心理幾乎是人人都有的行為反應，只是程度不同而已，它是相當普遍的出於本能的機械反應。進一步的說，排斥並不代表行為惡劣，有些人的出發點很好，但同時又是最積極的購買者。

商人在向顧客推薦商品時，通常會開門見山或是過於熱情，不管是哪一種方式都會對顧客造成一種強迫感。任何一個人都不喜歡被別人逼得太過分而就範，軟推銷往往不會給他人製造出太多的壓力。

在猶太商人看來，要想把自己的商品順利推銷出去，首先要做的就是消除對方的反感心理，使自己和顧客之間不再有隔閡，拉近彼此之間的距離。只要找到一個令對方樂意接受的方式，成交就有很大的希望。

是什麼因素導致客戶產生排斥心理呢？當一個顧客對一件產品感興趣時，推銷員往往就會窮追猛打，以為透過密集轟炸就可以把客戶搞定，這樣做的結果只會適得其反，令顧客立刻變得反感。這就是顧客對商品的強烈好奇心受到了阻礙，而導致顧客的心理逆反。

另外一個就是，當客戶的心理需要得不到滿足時，反而會更加刺激他強烈的需要。猶太人在推銷時，一旦客戶產生排斥心理，立即轉入異議處理模式，使顧客的心理自動消失。

猶太商人說：「在商業經營中，要想讓顧客能夠認同你的商品，選擇你的商品。首先，就要讓顧客認同你這個人，成功地把自己推銷給顧客，然後帶領顧客來選購你的商品。」而事實上，推銷自己和推銷自己的商品是密不可分的。

猶太人認為，在一個人的一生中，每天都在做著推銷的工作。向別人推銷自己的說法，是猶太人經商的一招制勝法寶。人們每天都要做推銷工作，推銷自己的創意、計畫、精力、服務、智慧。只有善於「推銷自己」的人，才能與人和睦相處。

猶太人布拉德是一名保險推銷員，在向客戶銷售保險時，總是談保險帶給客戶的多種好處，向客戶大談現代人不懂保險會有哪些不利的情形。到了最後，往往會說：「保險給人們帶來的好處是無法估量的，你應該買一份保險。」儘管布拉德盡心盡力地做好自己的本員工作，但卻極少有人從他的手裡買保險，一個月下來，他沒有得到一份保險業務。

布拉德很是鬱悶，經過了一番思考之後，他決定改變銷售策略，再見到客戶時不再誇誇其談，而是換另外一種交談方式。

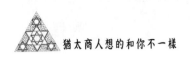

有一次，布拉德又去拜訪一位客戶，敲開門後，布拉德說：「您好！我是國民第一保險公司的推銷員。」

客戶：「哦，你是來推銷保險的。」

布拉德笑著說：「您誤會了，我不是來推銷保險的，我的任務是宣傳保險，如果您對保險感興趣的話，我可以義務為您介紹一些關於保險的知識和帶來的好處。」

客戶遲疑了一下：「噢，原來是這樣呀，那你就進來吧。」

布拉德就這樣向客戶又邁進了一步。接下來，他就像是閒話家常一樣，向客戶詳細介紹了有關保險的全部知識，並將如何參加保險和保險帶給人們的利益穿插在介紹中。介紹完之後，布拉德又說：「我的介紹希望能讓您對保險有所瞭解，如果您還有什麼不明白的地方，可以隨時聯繫我，這是我的名片。耽誤了您的時間，真是不好意思。」布拉德遞上自己的名片之後，直到離開也沒有鼓吹客戶購買保險。

事情出乎布拉德的預料，第二天就有客戶打電話給布拉德，並請他為自己買一份保險。布拉德透過這種軟推銷的方法獲得了極大的成功，在一個月裡賣出了保單多達150份之多。布拉德成功將一種說教方式轉化成宣傳，而宣傳本身就是一種說服。

客戶的排斥心理的原因是對立情緒，推銷人員越是把產品說得好，客戶越是覺得假的成分比較多；推銷人員越是熱情，客戶越是覺得他是虛情假意，只是為了騙自己的錢。減少逆反作用的發生得從預防開始。如果推銷員能夠提前明確和預防那些導致他人產生排斥心理的事情，就可以避免其負面影響。

聰明的猶太商人從來不會強行推銷，因為他們知道，顧客遇到生意人的主動推薦，往往會產生排斥心理，不談推銷的推銷才是最好的推銷。

那麼猶太推銷員是如何降低客戶的排斥心理呢？主要表現在幾個方面：

（1）提高可信度。

建立可信度應該是銷售過程中主要目標，它不但能傳遞價值，還能降低銷售失敗的風險。推銷員與客戶之間只有建立了可信度，才能拉近彼此之間的關係，這樣即可減少客戶排斥心理的發生機率，打開有效會談的大門，使推銷能順利地進行下去。

（2）將創意和建議變成對方的。

將他意和建議變成對方的，這種方法也稱「釣魚法」。就是把自己的創意或建議變成釣餌，對方自然而然的就上鉤了。這就是讓對方覺得你的意思就是他的本意，他得到了自尊，那麼你的創意或建議就很容易被採納。

（3）激起客戶好奇心。

激起客戶的好奇心是引導他們進行有效會談的最佳途徑之一。有好奇心的客戶願意更多地瞭解你的產品和服務。好奇心使得人們更加投入，注意力也更加的集中。

（4）讓對方說出自己的意見。

「面子」不光是東方人重視，西方人也很重視，如果推銷員毫不客氣地給對方提出意見，就有可能傷及對方的「面子」。相反，如果能以和順婉轉的方式提出，既能為對方保留「面子」，還可以促進推銷的成功。

（5）與顧客立場轉換。

減少逆反作用的另一個方法就是轉換自己的立場。如：我來得不巧吧？打擾您了吧？雖然回答是負面的，但對方的排斥心理往往使他的回答正中推銷者的下懷，這就是立場轉換。

（6）以徵求意見代替主張。

如果是以正面方式直接說出你想表達不一樣的意見，這樣很容易激起對方的反感。要是以徵求對方意見的方式向對方提出主張的話，那麼對方會以為是自己的意思，會很欣然接受的。可見，方式不同，獲得的效果也是不同的。

猶太商人成功的秘訣就是成功的把自己推銷出去，只有把自己成功的推銷出去，才能把自己的商品推銷出去。所以，在商界，一定要先學會推銷自己。

猶太商人霍伊拉說過：「如果你真有非常優異的才能，而沒有把它表現在外，就如同把貨物藏於倉庫的商人，顧客不會知道你的貨色的，如何叫他掏腰包?所以說，只有積極地把自己推銷出去，才能吸引他們的注意，從而判斷你的能力。」

的確如此，在商業經營中，要想讓人們認可你的商品，就應該更新觀念，時代不同，推銷的方式也要進一步的改進。想做大事業，推銷自己是關鍵的一步。

5. 用小讓步換取對方的大讓步

用小讓步換取對方的大讓步是猶太商人在經商中利用最多的一個策略。因為他們知道，只有讓對方賺到錢，自己才能賺到錢。正所謂將欲取之，必先予之。聰明的商人正是明白這樣一個道理，才能在商界處於不敗之地。「一筆生意，雙方贏利」買賣雙方都可以從中得到利潤，何樂而不為呢？既可以贏利，還可以達到相互推動，共同發展的目的。

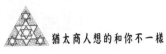

在商業中，任何人都希望獲得利益，正是這種心態，才能使商業夥伴之間即既是合作夥伴又是競爭對手。猶太人也十分明白這個道理，所以，猶太人在做生意的時候經常會做一些先給對方利益，再自己獲利的事情。

猶太人追求雙贏，不求單贏，也就是所謂的「一筆生意，兩頭贏利」。在商業往來時，大多數的猶太商人能夠透過巧妙調整取得雙贏的效果。事實上，猶太人的這種做法其實就是用小讓步獲換取對方的大讓步。把握雙贏的技巧，是大多數猶太商人經常採用的手段，這使他們的生意越做越大。「一筆生意，兩頭贏利。」買賣雙方都有利可圖，何樂而不為？

很多企業，非強即弱，非勝即敗，雖然也提倡競爭，鼓勵競爭。但他們之間競爭就好像兩虎相爭，你死我活，又或者兩敗俱傷。其實，競爭的目的是為了相互推動，共同提升，一齊發展，而不是為了爭出勝負。猶太人深知在生意場上，兩虎相爭必有一傷，誰都想要勝利不想失敗。因而猶太人一直遵循互惠互利的雙贏原則，透過這種方式取得雙贏的結果。

聰明的猶太商人在處理利益時，特別善於做到兩頭贏利。因為他們明白，用小讓步換取對方的大讓步能使對方歡喜，更能為自己爭取更多的利益。

《塔木德》說：「半精不傻的人才是絕頂聰明的人。」猶太人用小讓步換取對方的大讓步，不得不說是一種精明，這種精明讓他們在商界占盡了便宜，他們絲毫不掩飾自己的精明，他們理直氣壯地說，只有精明才有錢賺。的確如此，精明不但沒有觸犯法律，而且也妨礙不了自己的道德。猶太人只是用很巧妙的辦法，解決了別人看起來很困難的事情，而猶太人的這種精明是大家所接受的，大家也很歡迎這樣的精明。

「石油大王」洛克菲勒，這個猶太人是世界上第一位億萬富翁。他在奪取美國石油核心地帶——賓夕法尼亞油區時，就是採用小讓步換取對方大讓步的策略。

1859年，賓夕法尼亞挖出世界第一口油井，無數的人們瘋狂湧進西北，致使石油嚴重過剩，油價暴跌。洛克菲勒看準了這個機會，但是，他卻做出了一個令人無法理解的決定，那就是以4.75美元的高價大量收購原油，當時的原油價格只有2美元多一些。

這個價格無疑給很多石油商帶來了很大的利潤。這個價格也令很多人瞠目結舌。因為，在所有人看來，這無疑是賠本的買賣。

但這卻是洛克菲勒進軍賓夕法尼亞的機遇，也是他的如意算盤。

果然，石油商聽到這個好消息後，都紛紛與美孚石油簽訂合約開採石油。洛克菲勒出的價格比市場上的價格高，所有的石油商都不加思索地擴大了規模，瘋狂的開採石油，一時間開採石油的工作推向了最高峰。但是，石油商卻忽略了，美孚是否能夠保證長期以4.75美元的價格一直收購石油。

結果，當美孚石油收購了20萬桶原油後，突然宣佈中止合約。這個決定無疑是給石油業主們一個重大的打擊。但是，美孚石油公司卻解釋說：目前市場上的石油供過於求，由於公司的資金周轉不過來，不得已，只能以2美元的價格買進原油了。

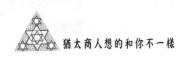

所有的原油業主們才明白自己是中了洛克菲勒的圈套了，但是事情已經發生了，後悔也太遲了。但是他們已經花了大筆的費用用來採購採油設備，如果再接著開採就會大幅虧本。只能落得下被美孚吞併的下場。

洛克菲勒的這一做法，實際上是給石油商們一個暗示，只要跟洛克菲勒合作，獲得的利益是很大的。但是，他們卻忘記了，無論做什麼都不可能是一方獲利，一方受損。正所謂世界上沒有白吃的午餐，就是這個道理。

《塔木德》說：「如果真正給別人提供了方便，你也一定會從中受益。」在市場競爭中，雖然大家能夠進行雙贏、共贏的共同發展，但是彼此之間的競爭依然是存在的，不可忽略的。猶太商人認為在商場上，人人都有足夠的立足空間，他人之得不必視為一己之失。所以說在這個沒有硝煙的商戰中，誰也離不開雙贏。

在商場上，猶太人絕對容不得模稜兩可、馬馬虎虎。特別是在商定有關價錢時，他們極其認真仔細，一分一毫的利潤，他們也計算得極為清楚。與大多數商人不同的是，猶太人懂得如何用小利益贏得大利益。

市場競爭無疑是激烈的，同行業的公司之間競爭更為激烈。事實上，競爭對手在市場上是相通的，不應有冤家路窄之感，而應友善對外。猶太商人這種「雙贏」已經成為經商中的一種美德，為他們在商業領域贏得了極高的聲譽。猶太人正是能把握雙贏的技巧，生意才會越做越大。

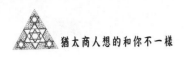

猶太人正是遵循「一筆生意，兩頭贏利的原則」，才使雙方的生意有利可圖，也正是這種經營方式，才符合現代經商的原則。

（1）商場上力求「雙贏」。

猶太人深知，在商場上「兩敗俱傷」對誰都不好，所以猶太商人會充分考慮對方的利益。要想自己獲得更多更大的財富，就要採用「雙贏」，也只有這個辦法，才能使交易能夠順利地進行。

（2）使對方嘗到「甜頭」。

不管是對消費者，還是商業夥伴。只有充分考慮在經商中，只有先讓對方嘗到「甜頭」，自己才能賺到錢。也就是說：「將欲取之，必先予之。」想要得到一些東西，必須先暫時給予一些東西。就像是釣魚，要想釣到魚，必須先在魚鉤上放魚餌。

（3）利用「心理暗示術」。

猶太商人善於憑藉「心理暗示術」，因為他們明白暗示的最大好處，暗示者什麼也不需要允諾，而受暗示就會自己做出種種「投己所好」的允諾。這種暗示叫命令性策略暗示，針對不同的商品、不同的人應採取不同的策略。如「緊急行動」等等暗示。

猶太商人在經商的過程中，能深深體會到商業活動中「竭澤而漁」的害處，他們一直遵守「互惠互利」的原則，上至顧客下到員工，甚至整個社會，都可以從猶太商人的經營活動中獲利。

猶太商人有這樣一則信條：那就是，不管猶太人在哪裡生活，哪裡就應該生根，他們不但誠信經商，還可以和其他民族的人和諧相處，甚至用自己的財富去幫助那些猶太人或是非猶太人。因為，猶太人相信，只有顧及對方的利益，才能夠取得對方的信任，也只有如此，才會擁有更多的朋友與財富。

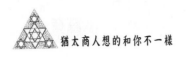

6.為顧客服務，讓員工滿意

無論是經商還是投資，不要輕易忽略每一個細節，也許，這一細微之處就能夠影響全域。因此，無論是對顧客還是對自己的員工，細緻入微的優質服務就能贏得對方的心，做好細節的量化工作，才能保證品質，贏得財富。

一提到商人，很多人就會產生一種錯覺：商人唯利是圖，斤斤計較。商場的確存在著這樣的人。然而，真正有成就的商人都是注重商業道德、有情有義的。不少精明的商人更願意把自己的顧客和員工看成是自己的朋友，在他們心中有一個共識，那就是先交朋友，再做生意。

猶太商人在經商時，都勇於承擔自己的責任，不管是對顧客還是自己的員工，只要是他們應該承擔的他們一定不會推卸責任。因為他們覺得，有些責任是與生俱來的，如果在經商中不負責，就會不利於自己的發展。

《塔木德》中有一句話：「待每一個人都滿面春風。」坑蒙顧客，苛刻員工只會種下仇恨，而微笑卻能帶來滾滾財源。

世界上以經商著名的猶太人對這一點深有體會，「和氣生財」，只有對顧客微笑服務，才能贏得顧客的滿意。不但如此，猶太商人對自己的員工也是非常有責任的，給員工好的福利，才能讓員工為自己效力。猶太人在其民族文化的影響下，再加上其長久流離失所的狀況，普遍形成一種「謙和」的耐性。猶太商人就善於利用自己的這一耐性，在經商的一切活動過程中充分發揮「和氣」的作用，這種和氣的儀表，很容易吸引對方的注意。

猶太人非常注重自己周圍的環境，這是他們生存的基礎，也是由於數千年來的歷史形成的原因。猶太人對自己身邊的人尤其關注。每一個人都有自尊心和榮譽感，都希望得到別人的認可和讚美。猶太商人在經商時非常認可這兩件東西。所以，除了金錢之外，透過讚美使自己員工的自尊心和榮譽感得到滿足，從而使員工產生一種積極進取的精神。

馬克斯—斯賓塞百貨公司是英國最有名的百貨公司，這家百貨公司是同一對猶太姻親兄弟西蒙・馬克斯和伊斯雷爾・西夫共同創立的。

1862年，西蒙的父親從俄國移居到英國。西蒙的父親在里茲的市場上開了一個商鋪，這個商鋪逐漸發展成一個連鎖的廉價商店。當西蒙的父親去世之後，西蒙和西夫兩人又將這個連鎖商店擴大成連鎖廉價購物商場。

馬克斯—斯賓塞百貨公司的商品不但品質好，而且服務也非常的周到，因此吸引了大批的消費者前來消費。不管是衣服還是其他的商品，都能花最少的錢買到最滿意的商品。當時，馬克斯—斯賓塞百貨公司的商標「聖蜜雪兒」成為了一種優質商品的標記，英國人也一致認為「聖蜜雪兒」襯衫是最優質的商品。

馬克斯—斯賓塞百貨公司不僅為顧客提供了物美價廉的商品，更加注重服務品質，使每一位進入百貨公司的顧客都能享受到良好的服務，馬克斯—斯賓塞百貨公司售貨員禮貌周到的服務，讓顧客體會到了「顧客就是上帝」的真正含義，也使顧客感受到了真正的「購物者的天堂」就是在馬克斯—斯賓塞百貨公司。

在讓顧客滿意的同時，西蒙和西夫兩人同樣也讓員工感到滿意。他們雖然對員工的職業素質要求極高，在選拔員工的時候也非常的嚴格。但是為員工提供的工作環境和福利待遇是同行業不能相比較的。員工的薪資在同行業中是最高的，還為員工設立了保健診所和牙病防治所。

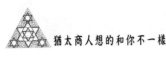

西蒙和西夫為員工提供的這些優越條件，使員工更願意為百貨公司盡心盡力的工作。

有人稱馬克斯—斯賓塞百貨公司為「一個私立的福利國家」。西蒙和西夫兩人顧及顧客和員工的切身利益，還在社會上樹立了良好的企業形象。

正是因為馬克斯—斯賓塞百貨公司能從顧客和員工的切身利益出發，才使人們認為馬克斯—斯賓塞百貨公司是同行業中最有前途的企業，吸引了大量的投資者慕名而來，公司的經營情況也跟著蒸蒸日上。

西蒙和西夫的這一做法，不僅有利於提高企業的知名度，有利於吸引投資者，還有利於激勵員工的士氣，形成良好的工作氣氛，更有利於營業額的大幅度提升。這就是猶太人的聰明之處，利用顧客和員工為自己的企業做出宣傳，從而達到廣告效果。

企業形象就和商品一樣，具有生命週期，企業形象處於生命週期的不同階段，就有著不同的特徵，因而要採用不同的企業形象策略。

（1）建立企業形象。

產品品質、服務態度直接決定企業的形象。建立企業的良好形象，首先讓顧客認可你的產品，顧客在購買產品時總是希望品質好，性能可靠，否則，只會對產品其廠家產生反感。所以，企業把好品質關，才能給消費者留下良好的印象。其實就是服務品質和工作品質並重，只有做到了這點，才能贏得消費者的認同，也能把企業形象順利建立起來。

（2）福利決定員工的工作態度。

事實上員工福利的好壞也決定著企業的發展，好的福利，不僅能獲得員工敬重，還能獲得員工的忠誠。給員工提供一個良好的工作環境和福利待遇，讓員工有種與公司「俱榮俱損」的心態，那麼員工就會為公司努力工作，盡心盡力，使公司的經濟效益節節上升。

（3）站在顧客的角度思考。

每一個人都希望在消費時得到應有的服務。猶太商人正是利用消費者的這種心理，訓練自己的員工，時刻站在顧客的角度去思考問題，給顧客提供一流的服務，讓顧客在購物的同時感受到良好的服務，讓客戶享受上帝般的待遇，才是企業長久的經營之道。

（4）對員工恩威並濟。

經營者要管理好自己的員工，這樣才能創造更多的財富。但是，在對員工施恩的同時，也要注意不要對員工一味的遷就和毫無原則的讓步。只有做到恩威並用，寬嚴得宜，才能相輔相成，收到事半功倍之效。實際上，一個領導者對自己的一言一行，都應該謹慎為之，在遇到該嚴格的時候，也要使員工心服口服，才不愧是一位成功的領導者。

猶太人認為一個優秀的經營者不但要為自己的顧客服務，同時也要讓自己的員工滿意。要做到這兩點，經營者在人格道德上就要做出榜樣，才能走向「止於至善」的目標。

總而言之，要做到對顧客尊重，熱情，也要做到對自己的員工關心愛護，才能使公司的業務欣欣向榮。

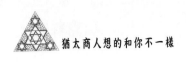

7. 經濟是最大的政治

機會是等不來的，要尋找更多更好的機會，單單懂市場行情是不夠的，政策環境也很重要。政治與商業自古就有密切的聯繫，很多時候政策甚至能夠左右市場變化，商人要時時處處關注時政。做生意，就要兩耳全知天下事，一心只要走前頭，才能獲得比別人更大的成功，累積比別人更多的財富。

猶太人可以說是世界上最厲害的商人，而美國是世界經濟大國，人人都知道「全世界的經濟大權掌握在美國人手中」，但人們卻不知道「美國的經濟大權又掌握在猶太人手中」，無論是不是真實的，可見，猶太人的聰明和成功是無庸置疑的。

猶太民族是世界上最富有的民族，有「世界的金穴」之美稱。猶太人口在世界上所占的比例僅有0.3％，卻掌握著整個世界的命脈。

關於猶太人的財富問題，有這樣一句話：「世界的錢，裝在美國人的口袋裡；而美國人的錢，卻裝在猶太人的口袋裡。」也就是說，猶太人的口袋直接關係著全世界的經濟。

猶太商人是「政治經濟學」的高手，往往在很多方面是從政策上找市場，但也有一種所謂「商而優則仕」的「經濟政治學」情結。自古以來，政治經濟不分家，如果堵著耳朵低頭蠻幹是行不通的，精明的商人懂得關注政局，並善於從政治趨勢中看到經濟傾斜方向。只有能夠看出政治趨勢，才能借助於政治的趨勢，調整整個企業的經營策略，達到先人一步，搶占先機，大賺一筆。

企業做均速運動還是加速運動，取決於企業是否充分利用政策和關注政策的變化。很多時候，政治趨勢往往決定著財勢的走向，如果不懂政治，怎麼能看出經濟的整體走向，看不出經濟走向自然難以發大財。

猶太商人深知作為一個企業，不懂政治的走向，就難以發財。政治就像是天氣，天氣好的話，出太陽了，被子可以拿出去曬曬！外面颳風下大雨，你卻拿著被子出去，肯定不合時宜。企業要做強、做大，必須有一個好的政治環境。

1931年從俄國回來以後是哈默一生中最活躍的日子，在之後的25年裡，他的生意可以說是得心應手，只要是他感興趣的行業，都能獲得成功。

當哈默對銷售藝術品感興趣的時候，蘇維埃政府對沙皇皇宮裡抄出來大批的古董和

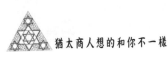

藝術品。哈默花了大量時間和精力從事收購工作，時間一長，他竟成為這一行業的專家。

哈默把這些藝術品運往美國之後，正值美國經濟大蕭條時期，對於古董人們並不感興趣。但哈默卻非常的自信，他先後出資在紐約和洛杉機建造藝術館，並把精美的藝術品在國內做了巡迴展出，引起很大的轟動。隨後，他又大張旗鼓地舉行了拍賣會，讓自己的藝術品名揚天下，引來無數的顧客。

與此同時，哈默的耳朵沒有停止過傾聽四面八方的資訊。在推銷藝術品的同時，他聽到一個清晰的訊息，羅斯福入主白宮以後，「新政」得勢，美國禁酒令就會被廢除，全國對啤酒和威士忌的需求量將會猛增，酒桶也將會供不應求。

當哈默得知這個消息之後，第一時間在新澤西州設立了一座現代化的酒桶廠。禁酒令廢除之日，哈默的製桶公司酒桶也是「出世」之時，一時之間，他的酒桶被制酒廠用高價搶購一空。之後，哈默又進入了酒業，把投資股票賺得的5千5百桶烈性威士忌裝瓶並貼上自己的商標出售，他的丹特牌威士忌一躍而成為全美第一流名酒，年銷售量高達一百萬箱。

正是因為哈默時時關注政策的變化，善於從政策中尋找商機，才能獲得成功。因為他喜歡吃牛排，市場上卻很難買到優質牛排，於是，他進入了養牛業。後來他還介入了廣播事業、石油業等等行業，他都獲得了成功。這些行業哈默並未投入很大的精力，哈默的直覺和魄力，再加上他天才的經營和時刻關注政策的變化，能及時把握政策的發展趨勢，才使他獲得了豐厚的財富，成了商界的傳奇人物。

經常研究政治形勢的變化，及時分析政府決策的動向，這才是一個商人的明智之舉。從政治趨勢裡發掘商機，然後根據政治趨勢決定自己的經營目標和方向，因為決策超前，所以利潤自然也會頗豐。因此，一個優秀的商人要時時關注時政，處處領先市場，才能獲得別人所不及的財富。

猶太商人能及時關注政策的變化，把握時事的動向，搶占先機，獲得成功，猶太商人的成功之道是：肯用心去思考未來，當然成功機率就會很大，且能抓住重大趨勢，能把握商機，賺得巨利，便成了大贏家。

財從險中來，作為商人，不能畏首畏尾，財運總是偏愛有冒險精神的商人。但冒險並不等於盲從，商人在決定冒險之前一定要分析政策的變化。

那麼，如何才能把握政策內的商機呢？

（1）靈活利用政策。

人們常說：識時務者為俊傑。何為時務？就是形勢，就是趨勢，就是對事物現在和未來的準確判斷。一件事情，重要的不是現在怎樣，而是將來會怎樣，靈活利用政策，才是富人成功的秘訣。

（2）走在政策的前面。

掌握趨勢就是掌握未來，掌握發展的機會。俗話說：上有政策，下有對策，要想長期獲利，就要研究政策、吃透政策，走在政策前頭。當一種趨勢苗頭初現時，能夠及時發現，並搶先一步把握住，才是真的英雄。

（3）把握好趨勢。

社會在變革，制度在完善，國家的政策每一個時期都有一個風向標，有一部分商人在「時間」競爭中輸了，也有一部分商人成功了。成功的人之所以成功歸根結底是他們懂得把握時機，在最合適的時間做最合適的事，抓住身邊的每一次機會，抓住政府每一項政策，利用自己可以利用的一切資源，所以他們成功了。

（4）從政策裡找商機。

明智的商人，每天都會關注國家大事，瞭解國內外的大事件，抓住有用的資訊，為自己所用。要想在商界獲得大的利益，必須關注政局。

會賺錢的人善於捕捉商機，尤其是國家政策。經濟基礎決定上層建築，政治又會反過

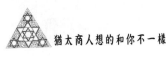

來影響經濟，無論什麼資訊，只要用心去留意，就能發現極大極有用的資訊。兵書上說：「兵馬未動，糧草先行」，而在商場上，就應該是「決策未動，資訊先行」。要想把握經濟的命脈，必須關注全域，這就是猶太人對資訊的重視。

只拉車，不看路被視為蠻幹，路子不對，幹得越多，結果就越糟。延伸至做生意也是如此，不注意分析政策，機會就有可能給你帶來風險。

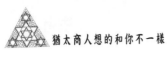

8. 把「運氣」變成「財氣」

企業獲得成功，就需要時刻留意生意場上的每一個細節，更要善於把運氣變成財氣。好運氣不代表好機會，否則就讓人做出錯誤的判斷，給自己的生意帶來不必要的損失。因此，要成為商界中的強者，除了好運氣之外，還需要好的機會。當機會出現時，要第一時間把握，才能在商界獲得更大的平臺和財富。

猶太人以精明細心著稱，他們非常留意生意場上的每一個細節，更善於把運氣變成財氣。

有人曾說過這樣一句話：「機會是上帝的別名。」在特定的時間裡，各方面因素配合恰當，就會產生有利的條件，誰最先利用這些有利條件，運用手上的人力、物力做好投資，誰就能更快、更容易獲得更大的成功，賺取更多的財富。猶太商人就是善於把握生意場上的任何一個機會，完成運氣——機會——財氣的轉化，把「運氣」變成「財氣」。

猶太商人不僅懂得如何創造財富，如何把握財富，更懂得在機遇面前有所作為。運氣是有偶然性、意外性的。有的人去買彩券，卻能中頭獎，這就是運氣。再比如，要得到更多的利潤，必須先拿錢投資。同樣，想獲得機會，必須要先有所犧牲，包括自己的時間、收入、安寧的生活等等。時刻準備著運氣的出現，這便是機會。

有很多的成功商人，當別人問到他有什麼成功秘訣時，他們通常會說：我運氣好。難道做生意真的是靠運氣才能成功嗎？如果是的話，這運氣是從哪裡來呢？是命中注定，還是偶然之間碰到的呢？坦率地說，在致富過程中分清機會和運氣，對於運氣，人人都不排斥，更重要的還是要用自己的財商，挖掘蘊藏在生活中的機會，才是得到財富的捷徑。

猶太人一直認為，辛勤者中間有著貧富之分，而在成功的辛勤者中間，成就亦有高低之分。有一些並不辛勤的人，卻能成功致富，究其原因，是在於他們能夠抓住難得的機會。

把「運氣」變成「財氣」的猶太商人有很多，猶太商人狄奧力・菲勒就是能夠及時把「運氣」變成「財氣」的一個人。

狄奧力・菲勒出身貧民窟，小的時候菲勒就會利用玩具為自己賺回一輛新的玩具車。老師也認為，菲勒有一種天生會賺錢的本能。

菲勒中學畢業之後，就成了一位名符其實的商販。正如他的老師所說的，與貧民窟的同齡人相比，他已經是相當體面的了。菲勒賣過小五金、電池、汽水，每一次都能賺一筆錢。雖然錢不多，但是靠自己的本事賺來的，菲勒還是非常的高興。

菲勒真正起家靠的是一堆絲綢。

日本運一批絲綢出口，在海路運輸的過程中，突然遭遇了風暴，絲綢被海水浸濕了之後，發生了化學反應，整整一噸的絲綢化學反應之後，變得色彩不均。這些被浸濕的絲綢深一塊淺一塊的，日本人看著這些絲綢很是無奈，想把它處理掉。可是數量太大了，一時之間，也沒有找到合適的解決辦法。

本來想把這些絲綢搬運到港口，扔進垃圾箱，又怕被環保部門處罰。於是，日本人決定在回程的時候把絲綢拋到大海裡。

港口附近的一間地下酒吧裡，菲勒正在喝酒，無意間聽到來這裡喝酒的日本人提起那些令人討厭的絲綢。說者無心，聽者有意，菲勒知道，發財的機會到了。

第二天一大早，菲勒來到海輪上，指著港口的一輛卡車對那位日本船長說：「這些絲綢我可以幫你們處理掉。」船長一聽，有人可以把這些令人討厭的絲綢處理掉，很是高興。就把這些絲綢無條件的送給了菲勒。結果，菲勒在不花任何代價的情況下拿到了這些被化學染料浸過的絲綢。

運回去之後，菲勒讓人把絲綢趕製做成迷彩服、迷彩領帶和迷彩帽子。這些迷彩服一投入市場，一時間被搶購一空，一夜之間，菲勒利用這些絲綢賺取了高達10萬美元的財富。

從此之後，菲勒再也不是一名商販，而是成為了一位真正的商人。

當一個機會出現時，一定要抓住，勇於決斷，才能把握住難得的機會。否則，即使是機會接踵而至，在猶豫不決、優柔寡斷，沒有一點果斷的風格，也會被一一喪失殆盡

可見，機會就是「運氣」也是「財氣」，機會對每一個人都是平等的，當機會來時，稍微的疏忽和徬徨，無異於把機會拱手讓予別人。

有的「運氣」錯過了還可以再來，但有的「運氣」錯過了一次便再也遇不到了。有的人往往靠運氣創業致富，而運氣不是機會，不要將兩者混為一談，否則就會導致錯誤的判斷，給自己帶來不必要的損失。

商場上的「運氣」就是時間給商人的最好禮物，猶太商人的成功之道就在於果斷行事，毫不猶豫，在時間的長河中抓住機會這條大魚，只有這樣，才能把「運氣」轉化為真正的「財氣。」商場如戰場，往往「一著不慎，滿盤皆輸」。看準機會並把握它，將它變成

現實的財富，才是每一個夢想成功者最明智的選擇。

然而，在大多數人看來，「運氣」是可遇而不可求的，的確如此，運氣並不像機會一樣隨時都有，無處不在。運氣是人無法預測的，機會就不一樣，只是看是否能及時發現，能否把握而已，所以要想發財，千萬不可忽視身邊的每一個可能發財的細節。

就如同哈默一樣，他正是靠運氣成就了服裝革命——牛仔褲風行。雖說哈默不是一個理想主義者，也不是一個改革家。但經過他用新布料改革後的牛仔褲卻受到了大眾消費者的歡迎。雖然哈默的成功多多少少靠了運氣，但如果沒有哈默對最初牛仔褲的細節進行關注，沒有他的冒險精神，也不會掀起一場服裝革命。哈默的成功不得不說是一個把運氣變為財氣的最好典範。

或許對於猶太商人來說，運氣是有偶然性的。但一個商人生意的成功，僅僅靠運氣是不行的。除了運氣之外，還需要自己的努力。

弗萊明培養葡萄球菌的時候，黴菌的出現出乎他意料之外。對他來說，黴菌的成功就像是中獎一樣意外，靠的就是運氣，而青黴素的發現，更是運氣之外蘊藏著機會。

弗萊明發現黴菌之後，出於好奇，對它進行研究。所以他發明了青黴素，就是因為弗萊明能夠及時把握機會，結果他獲得了成功。

猶太人在經商的過程中，把機會和運氣分得特別清楚。他們對於運氣並不排斥。但他們更善於運用自己的智慧，把握生活中的每一次機會。所以，猶太人才能獲得成功，聚積更多的財富。

企業獲得成功，就需要時刻留意生意場上的每一個細節，更要善於把運氣變成財氣。好運氣不代表好機會，否則就讓人做出錯誤的判斷，給自己的生意帶來不必要的損失。因此，要成為商界上的強者，除了好運氣之外，還需要好的機會。當機會出現時，要第一時間把握，才能在商界獲得更大的平臺和財富。

9. 逆境是做好生意的機會

許多猶太鉅賈都是在逆境中成長，在逆境中磨礪，在逆境中奮鬥，在逆境中發跡，他們走的是一條更為艱辛的路。儘管如此，他們在逆境中不停的掙扎，因為他們在等待一個機會的到來，他們堅信事物是變化的，三十年河東，三十年河西，只要有著堅強的意識，就能做到財源滾滾而來，取之不盡，用之不竭。

在近兩千年漂泊流離的生活中，猶太人一直處在逆境之中。雖然如此，但猶太人把逆境視若尋常事，任憑風吹浪打，並把逆境看作是一種人生挑戰。猶太人還在逆境的過程中學會了忍耐和等待，堅信一切很快就會過去的，並學會了在逆境中生存發展的智慧。

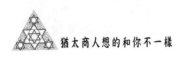

猶太人在逆境中崛起，並發揮自身潛在的能力，甚至把逆境當作了做生意的最佳機會。

猶太人認為：逆境是造就人才的搖籃，坎坷是通往成功的階梯。的確如此，長期在逆境中生存的民族經歷讓猶太人習慣於在逆境和困難面前保持從容鎮靜的心態，甚至於可以在險象環生，前途未卜的危急關頭豁達樂觀。身處逆境當中，不氣餒，不失去希望當然是重要的，而作為成功的猶太人，他們甚至把逆境也當作成功的機會，承受壓力甚至苦難，頑強地忍耐著等待機會更顯可貴。

俗話說：「謀事在人，成事在天」，在人的一生中，失敗與成功都是不可把握的，只要充分估計自己的能力和各方面的狀況，勇敢迎接逆境的到來，激流能進，就能獲得成功。

猶太人的《羊皮卷》中寫道：「請主降下磨難，考驗我對主的信仰；請主降下苦痛，把我和普通人區分；請主給我以逆境，讓我成功。」

面對逆境，能坦然應之的當數猶太商人。猶太人一直認為，每個人都想一生過得富貴而快樂，但是，人生不可能是一帆風順，機會也不總是順風而來，蘊藏在逆境中的機會永遠都是非常巨大的，是足以改變人的一生的。所以，一種是順境，一種是逆境；在順境中順流而上，抓住機會，或許每個人都能夠做到。但面對逆境，若缺乏忍耐和智慧就會敗下陣來，在逆流中舟沉人亡。

因此，有沒有面對逆境的勇氣和智慧，往往決定著一個商人的成功與失敗，也是判斷一個商人經商才能高低的重要標準。

猶太人商人艾柯卡是汽車業的經商天才。由於他在福特汽車公司卓越的經營才能，使自己的地位步步高升，沒幾年的時間，他就成為了福特公司的總裁。

當艾柯卡達到如日中天的成就時，福特公司的老闆福特二世擔心自己的公司被艾柯卡控制，找了個理由把艾柯卡的職務解除了。

在艾柯卡離開福特公司之後，有很多家世界著名企業的大老闆慕名前來拜訪他，並希望他能到自己的公司就職，但艾柯卡謝絕了。因為，艾柯卡要向福特二世和所有人證明自己的才能和福特二世的錯誤。

艾柯卡發誓，從哪裡跌倒，就要從哪裡爬起來。因此，他選擇了美國第三大汽車公司：克萊斯勒公司。

當時的克萊斯勒公司面臨破產，艾柯卡來到克萊斯勒公司之後實行了大方面的改革，他辭退了32位副總裁；關閉了16家工廠，裁員和解雇人員達上千人，這些人的離開，使克萊斯勒公司節省了一大筆人事開支。雖然被整頓後的企業規模比之前的小了很多，但卻更精幹了。

除此之外，艾柯卡利用自己那雙與生俱來的慧眼，充分洞察人們的消費心理，把有限的資金花在刀口上，並根據市場的需求，以最快的速度推出了結實耐用，外形獨特的新型車。透過艾柯卡的努力，克萊斯勒公司逐漸與福特、能用三分天下，創造了一個與「哥倫布發現新大陸」一同震美國的神話。

艾柯卡之所以能創造出這麼一個神話，完全是受惠於當年福特解職的逆境。正是因為這個逆境，才使艾柯卡的事業再度步入無限的輝煌。從艾柯卡的經驗中可見，逆境有時也是一種捷徑。

猶太商人特別善於在逆境中發跡。他們發現機遇的頭腦是在逆境的環境下磨練出來的。逆境本身就是一筆財富。只要你多一份容納和耐力、理智和果斷、堅韌和執著，越過逆境，走出風雨，你的明天一定會更輝煌。

如果想在逆境之中賺大錢，就必須要頑強，誰都有失敗的時候，就算是在艱難中，也應該奮鬥。如果不付出加倍的努力，如何能從逆境中獲得「重生」？

（1）把逆境當成一種挑戰。

事業取得成功的過程，實質上就是不斷戰勝逆境的過程。因為任何一項事業要取得相當的成就，都會遇到困難。《聖經．詩篇》中有「不坐褻慢人的座位」的告誡，但猶太人不在乎這些，猶太商人能超脫形形色色的先人之見或刻板模式的束縛，在新興的行業或領域興起時，最快地發現。這都源於猶太人的自信，自信是成功的第一步，缺乏自信是失敗的主要原因。人們有的時候，往往處在逆境中不能自拔，其實邁向成功的道路上，逆境和失敗是不可避免的，它具有重要的價值。

（2）把逆境中的冒險當成一種樂趣。

「高風險，意味著高回報」，只有敢於冒險的人，才會贏得人生輝煌；而且，那種面臨風險，審慎前進的人生體驗更為我們練就了過人的膽識，這更是寶貴的精神財富。商家的法則就是冒險越大，賺錢越多，猶太商人就是這樣的冒險家。他們憑著過人的膽識，抱著樂觀從容的風險意識知難而進，逆流而上，往往贏得了出人意料的成功。

（3）逆境就等於成功。

任何成功都包含著失敗，每一次失敗是通向成功不可跨越的臺階。面對逆境猶太人常說，溫室裡培育不出參天大樹，順水中鍛鍊不出傑出的舵手。在逆境中，猶太人依然有堅強的鬥志、崇高的理想和遠大的目標。勇歷艱險，不怕挫折，這是一切發展積極心態，有志於成功的人必修的一課。失敗是成功之母，也是成功的先導，只有在面對逆境時，才能自信主動、心態積極、堅持開發自己的潛能。

逆境是一種優勝劣汰的選擇機制，越過逆境這座分水領，人生必然呈現一種嶄新的境

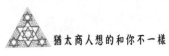

界。否則，只能是平庸一生，默默逝去。有人把逆境看作是一種人生挑戰，在外在的壓力下，他的能力得到了充分的發揮，自己的潛力有了新的發現，自身價值也得到了進一步的肯定。

面對逆境，灰心喪氣、失望抱怨是最常見的一種態度，也是人們最正常的一種反應，把逆境視若尋常事，憑藉著自己的力量，東山再起，這種人已經徹悟了人生，擁有了大智慧。

許多鉅賈都是在逆境中成長，在逆境中磨礪，在逆境中奮鬥，在逆境中發跡，他們走的是一條更為艱辛的路。儘管如此，他們在逆境中不停的掙扎，因為他們在等待一個機會的到來，他們堅信事物是變化的，三十年河東，三十年河西，只要有著堅強的意識，就能做到財源滾滾而來，取之不盡，用之不竭。

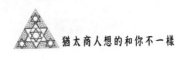

10. 集合眾力一起「做」大市場

猶太民族有許多生存法寶，團結互助的集體觀念就是猶太人生存法寶的一個重要方面。猶太民族團結互助的觀念是根深蒂固的，他們認為，提供幫助是「富人的責任」，獲得幫助是「窮人的權利」。絕大多數猶太人堅持以集體利益為重，認為，個人只有作為集體的一分子才能存在，而且，猶太人的這種集體觀念是「強有力的」。在商業中，猶太人這種團結的精神集中體現在彼此的合作上，猶太商人十分重視合作。

對猶太人來說，合作就像婚姻，它是你騰飛的起點，是發達的基礎。好的婚姻使人更加幸福，好的合作使人飛黃騰達。但是，對於合作夥伴的選擇，猶太人持的是一種比較謹慎的態度。對於合作來說，只有那些重承諾、守信用的人才會被選中成為他們的合作夥伴。在他們看來，在一個大的商業結構下，信用和信譽是做人的無形資產。如果一個人不守信用，那麼他根本不值得信任。

在合作的過程中，重承諾守信用是對合作夥伴的道德要求，也是基本要求。如果合作的事業中混入了連這個基本道德也不具備的人，那麼事業的前途實際上已經毀了一半了。因為合作夥伴清楚地知道你的很多內部機密，掌握著你的很多資源，一旦對方居心不良，後果不堪設想。所以猶太人在選擇合作夥伴時一般都選擇志同道合的人，因為這樣的人在一起共事，他們有著最基本的認知。也就是他們的目標是一致的。再者就是這樣的人在一起他們所走的道路也是相同的，不會因為商業利益而不擇手段。

在選擇志同道合的夥伴同時，猶太人對合作對象也要求有德還有才。挑選合作夥伴時，選擇德才兼備的人必須全面衡量，萬萬不可只顧其一而不顧其二。重德輕才，往往導致和庸人合作；重才輕德，往往導致和小人合作。無論是庸人還是小人，與之合作注定是要失敗的。

現代社會已經不適合原始競爭，不適合長期的自然過程的競爭。這是因為今天社會的經濟規模和市場進入門檻條件以及進入後的資金運轉方式已經發生了根本改變，任何一個新行業和競爭對手的出現，因一開始就具有強大的資金和技術以及人才的投入，對市場的衝擊很大。面對全面的開放和全球化的經濟，在一個新企業、新經濟早期發展階段就需要彼此技術合作，需要協力投資，而不僅僅是靠自己的智慧、能力和資金。

猶太人有個比喻，合作就像一部機器，需要不同的零件配合，合作的單位就是其中的各個零件。

一個優秀的合作結構，不僅能夠為合作夥伴的能力發揮創造良好的條件，還會產生彼此都欠缺的一種新力量，使個別單位的能力得到強化和延伸。

最成功的合作事業是有才能和背景不相同而又能相互配合的人藉由合作創造出來的。最重要的是累積在人事管理上的經驗，特別是協調人際關係。一切事情都是人的事情，只有在更大範圍才能有更大的收穫，要跨國經營與管理，如果沒有這個經驗，是不夠的。

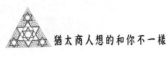

如果企業只知道降價、競爭，只會造成利益的降低。如果能夠合作，在國際上合作，利益會穩定和增加。企業如果相互之間能夠協調、合作、合併或者歸併到某兩個或三個企業，結果對大家都有利，無論是籌集資金和個人資產整合可能都會更有利。

出口也是這樣，每個企業都發展自己的銷售系統和海外經銷商或代理人，相互不統一，在國內競爭打價格戰，到國外去也這樣做，最後對誰都不利。長期的價格問題對金融都有影響。為什麼不能走合併後的規模經濟、規模成本之路以累積利潤、集中投資來開發技術和市場呢？今天發展一個企業，沒有文化做背景和支撐，其利益和地位、名聲不會長久，而且也許很快就消失，或者會陷入煩惱和相互的糾纏與怨恨之中，這又何必呢？難道我們今天開創事業是為了尋找和製造冤家相互的攻擊、詆毀嗎？

猶太人認為，商業上的合作並非僅僅是企業的事情，很多制度和管理上的障礙，特別是地方行政分割、企業不能大規模裁員、不能徹底破產等，對企業合作阻礙很大。另外，就是對企業家沒有一個適當的評價機制，這裡不成功，那裡照樣可以做。這都是體制存在的問題。我們的社會，地位重於業績和貢獻，沒有把業績和社會評價作為成功的象徵，社會也沒有形成這樣的文化和意識來支持，仍然是官為大、為上。因此，地方政府不能正確和客觀看待其業績、地位和能力。這也可以看出，企業不能合作的原因，並不僅僅在於企業本身，我們沒有任何理由去埋怨和責怪企業家，也不能責怪政府或者是經濟學家，而是需要社會共同努力來形成一種價值觀，推動企業的合作，解決我們所面臨的問題。

在如何保持合作時的良好狀態，猶太人還有自己的見解。

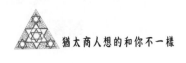

1. 角色分工，明確職責

合作夥伴的角色分工是一門藝術，因為不能簡單地憑出資多少來確定誰是「總管」，也不能一概而論，覺得誰能力強就讓誰當，更不能把決策權隨便交給合作者之外的人來行使。合作夥伴在企業中的角色關係是合作夥伴為了企業前途在經營中逐步形成的，一旦確定後，合作夥伴就應明確自己的職責而不要亂干涉別人，努力賺錢才是根本。

2. 相互依賴，坦誠相見

要克服合作帶來的相互之間容易產生矛盾和摩擦的情況，合作者之間必須相互依賴，坦誠相見，使彼此產生榮辱與共、休戚相關的共鳴，使大家能團結一致、共同創造前程。

如何才能做到相互依賴、坦誠相見呢？

猶太人認為，要對合作夥伴進行感情投資。你應對合作夥伴傾注真誠、熾烈的感情，不要只談生意場上的事，而要密切聯絡感情，使他感到溫暖，感到你在設身處地為他著想，由此對你心服口服；其次，主動替合作夥伴排憂解難。誰都會遇到困難，如果這時候你能伸出援助之手，向他表示同情與支持，他必會對你充滿感激和信任，這時也最易建立親密的友誼。最後，還應與合作夥伴多交流多溝通，透過坦誠地交換意見來表達看法、加深瞭解。當合作夥伴之間產生分歧或你的合作夥伴未意識到自己錯誤的做法時，你應該從整體利益考慮，誠心誠意地與其交換意見，把分歧和誤會擺在桌面上講出來，還要站在對方的立場上考慮問題，以減少矛盾衝突。

3. 誠信無疑，團結一致

猶太人認為，合作夥伴的想法畢竟有差別，當個人的意見不能被其他合作夥伴所接納時，只要大家互信互諒，相信彼此是為了把工作做好，沒有其他目的，自然安然無事。誠信無疑與疑而不用是緊密聯繫的。如果一個人，你覺得他居心不良，毫無誠意或能力不足，與你的標準不合，那就不能採用這種方法，如果盲目信任只能自食其果。

如何才能做到誠信無疑、團結一致呢？首先在主觀上不可亂猜疑。既然是合作，大家聚在一起，就要真誠團結，以誠相待。其次不要「聽風便是雨」。

4. 互尊互敬，取長補短

既然是合作，彼此就不是老闆和員工的關係，而是平等的，在合作經營中，合作夥伴容易產生矛盾的一個重要原因就是有的合作夥伴認不清這一點。即使你的能力確實比合作夥伴強，更能把握市場，也不能自恃高明而獨斷專行。你應該從維護對方自尊及合作關係出發，謙虛謹慎，真心實意地向對方學習、徵求意見，這樣既能贏得對方的好感，又加強了企業的凝聚力。

5. 平衡制約，情理交融

如何做到平衡制約，情理交融呢？首先，合作夥伴自己必須指定基本的規範及準則。其次，合作夥伴要堅持原則，敢於對錯誤給予批評。在合作時，一些合作夥伴由於某些原因難免會做出違背原則和規範的事情或說類似的話。在這種情況下，要以理服人，切忌以勢壓人或得理不饒人，合作夥伴相處要以說理為主，動之以情，曉之以理，好言相慰，正方相導，攻心為上。

6. 大局為重，義利互惠

合作的目的之一，就是為自己謀利，大家不是聖人，不講私利的話何來創業的積極性與創造性？但是同樣也不能走向只關心自己私利的極端，而且這一點是合作夥伴最容易犯的錯誤，最值得我們警惕，走向這個極端的話，合作夥伴往往明爭暗鬥，爭權奪利，各懷鬼胎，勾心鬥角，根本做不到同舟共濟。要做到大局為重，合作夥伴必須對整體與局部的關係，對義與利的關係有著充分的認識和理解，在兩者之間尋找到各自滿意的平衡點，大家自然也能友好相處。

猶太人認為，把「蛋糕」做大，既是目標又是解決問題的有效方式。所以，你的利益實際上就是我的利益、大家的利益。合作事業有了發展，合作夥伴個人就有了發展，就能

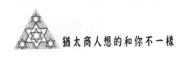

拿更多的分成。這就需要每個合作夥伴能以大局為重，注意義利並用，在合作中尋求屬於自己的那片天空。

7. 求同存異，化解矛盾

由於合作夥伴之間在認知上的差異上及資訊不溝通、私利向悖等因素的影響，矛盾衝突就可能發生。當發生矛盾衝突時，應當加以利用並控制在適度範圍內，所謂「矛盾是事物發展的內在動力」。當發生破壞性的矛盾衝突時，就要好好解決了，切莫讓其愈演愈烈，影響合作。一般可透過協商妥協或請第三方仲裁的方法解決，其具體途徑如下：

首先，要做自我批評，無論產生矛盾的原因是什麼，合作夥伴雙方都要先審視自己，做自我批評，這樣就會感染你的合作夥伴或得到他的諒解，使其坦誠地找出自身的錯誤。

（1）以退為進。矛盾一旦比較嚴重，難以一下解決，就應當迴避一下，如減少與有矛盾的人接觸，避免正面衝突或先妥協退讓一下，等待問題水落石出。表面上，這種迴避是比較消極的，實際上卻是積極的，是為了防止矛盾的激化，並在迴避中等待解決矛盾的最佳時機。

（2）難得糊塗。實際上，這是指對一些無原則性的矛盾和衝突沒有必要一定分出個對錯或是非，有些事情的確是不那麼黑白分明的，如果硬要當個明白人，分個是非分明，反而會使對立更加嚴重，衝突更激烈。

（3）求同存異。解決合作夥伴之間的矛盾衝突而又不要影響合作事業正常發展的最佳途徑在於此。矛盾衝突的當事人可以暫時避開存在的分歧，保留自己的意見，而在某些共同點上達到一致，再使矛盾慢慢消減。做大事講原則，小事講風格，在根本上要站穩，在細節上不苛求於人就能很好的避免矛盾和衝突的發生，也能有效的調解現有的矛盾和衝突。

合作夥伴在合作中不可避免地蘊涵著未知的矛盾衝突，一定要藉由以上的幾種技巧再加上自己融會貫通的新方法來消除矛盾，求同存異，才能使合作更上一層樓。

第三章　能賺錢只是小徒弟，能守住錢的才是大師父

猶太商人從小就接受良好的商業傳統教育，形成了正確的金錢觀、財富觀。在世界各地，他們表現出眾，成為行業的翹楚，經商本能似乎與生俱來。洛克菲勒、索羅斯、邁克爾・戴爾、馬克・祖克柏，都是猶太商人的傑出代表。

更重要的是，猶太商人不但能夠白手起家創業，更善於守業，並打破「富不過三代」的魔咒，完成了家族財富的代際傳遞。堅守猶太教義，注重家庭教育，懂得節約之道……都是猶太人成為「守錢」師父的重要因素。

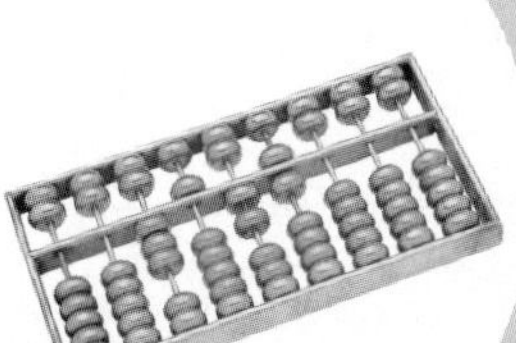

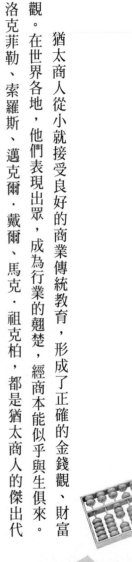

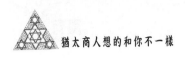

1. 做最「吝嗇」的有錢人

富翁的「吝嗇」，是因為他們經歷過創造財富的艱辛；「負翁」的慷慨，是因為他們缺少一分一釐皆來之不易的生活體驗。從這個意義上來說，節約不僅是物質的財富，更是精神上的財富。

猶太人只占全世界總人口的千分之三左右，但他們的富有卻眾所周知。可以說猶太人操縱著世界經濟槓桿。這是因為猶太人中經商的很多，而且是經商的高手。他們遍佈全世界，無論是有世界首富之稱的美國，還是亞洲富庶的日本，猶太人都在金融界或商業界獨占鰲頭，百萬、億萬富翁不乏其人。

但是，有人說「猶太人是吝嗇鬼」。那麼有錢還會是吝嗇鬼？其實這話也是有一定依據的。猶太人對金錢十分的吝嗇，花錢的時候非常的小氣。然而，他們卻為自己的吝嗇感到高興。《羊皮卷》中曾說過「吝嗇在有的時候和節約一樣是一種優秀的品質」。作為商人，如果不愛惜錢財，不善於精打細算，獲得的利潤就會大打折扣。而對物品斤斤兩兩計較和對金錢分分毫毫的核算才是商人本能的反映。

每一分錢都要算計著花才是猶太人的做事風格，不管他們多麼富有，對錢財肆意的揮霍是絕對不允許的。猶太人用錢的原則是：只把錢用在該用的地方，每一分錢的花用，都要發揮出百分之百的功效。

洛克菲勒最初只是一家石油公司的焊接工，每天焊接著裝石油的油桶。細心的他發現每次焊接的時候都會落下焊條的鐵渣，並且每焊接一個油桶總會正好掉下509滴鐵渣，他認為這實在是太浪費焊條了。

後來的一段時間，洛克菲勒鑽研了很多的焊接方法，最後改進了焊接的工藝，每一個油桶都可以少掉一滴鐵渣。雖然一滴鐵渣不算什麼，但是整個石油公司算下來，全年可以節省下來5.7億多美元。由於為公司做出了巨大的貢獻，他也因此得到了提升。

不滿一直替人打工的洛克菲勒，最終還是步入了商海，但初入商海的他，經營起來步履艱難。一天他無意間看到報紙上有一則廣告，內容是發財秘訣的書。洛克菲勒急忙跑到書店把書買了回來。當他打開書看時，卻大失所望，因為裡面除了「節儉」兩個字以外，再無其他內容。

起初，他認為是報紙和書店騙了他，一本書再怎麼說都不應該只有兩個字。後來經過他的反覆琢磨，發現「節儉」確實有其道理。發財致富，節儉才是必要手段。這時的他恍然大悟。此後洛克菲勒對每次要用的錢都要精打細算，同時加倍努力工作，設法增加一些收入。

幾年後，拿著累積存下來的8百美元，開始經營煤油。經營過程中，他千方百計節省開支，把盈利的錢儲蓄起來，再投入到石油開發中。這樣經過了30年左右的「節儉」經營。洛克菲勒成為了全世界最大的石油經銷商。

洛克菲勒雖已是億萬富翁，但在經營管理方面仍然精於「節儉」。他要求員工提煉一加侖原油成本要計算到小數點後三位。還要求各部門每天都要上報成本和利潤報表，並且將報上來的成本開支、銷售、損益等數字做對比，一併來考核每個部門的工作。

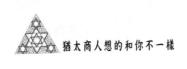

猶太巨富洛克菲勒恪守著「緊緊地看住你的錢包，不要讓你的金錢隨意地出去，不要怕別人說你吝嗇。你的錢每花出去一分都要有兩分錢的利潤時，才可以花出去」。儘管他自己都數不清自己有多少錢，但是他一直奉行節儉的信條。

猶太人認為金錢才是人生的工具，每個人都應該擁有。對於金錢猶太人有自己的理解，尤其是猶太商人，在他們看來「金錢無姓氏，更無履歷表」。作為貨幣只是一個人擁有物質財富多少的標誌，其本身根本不存在貴賤。他們自信，只要是經營賺來的錢，用起來就是心安理得的。也因此，他們儘量多的賺取金錢，即使是極其微小的生意也是不會輕易放棄的，且仍以「節儉」的習慣千方百計的經營。

猶太商人弗蘭西斯‧霍拉的父親在他進入社會之初就對他提出忠告說：「我衷心希望你諸事遂心，但我不得不勸導你要節儉。節儉應該是每一個人都應該具備的德行。其實，節儉是通向獨立的大道，而獨立則是每個精神高尚的人所追求的崇高目標。」

節儉不僅僅是一種理財的方式，更是一種生活態度。它能夠教會人們更好地管理自己的金錢。猶太商人看重點滴累積的「恆財」，他們相信：財富的累積是需要長期的「恆守」。只有能夠更好地守財，才會成為財富的經營者。

猶太人崇尚節儉，但不贊成過度的節儉，過度節儉就會成為一毛不拔的鐵公雞，就是可憐的守財奴了。在平時的生活中就會斤斤計較，心胸狹窄，這樣不僅不會得到財富，相反還會導致失敗。

適當的節儉與享受生活是集為一體的。金錢作為一種工具，占有它，使用它，都是為了更好地為我們所用。而節儉幫我們保持冷靜和清醒的同時，更能夠有效的占有金錢，更加聰明的管理和使用這一工具。

猶太人認為，如果擁有大量的金錢，卻把它們緊緊的攥在手裡那是愚蠢的。在他們看來，節儉的習慣和適度享樂並不衝突，金錢就是用來追求高品質生活的，但這並不代表滿足奢侈的欲望。猶太人會把錢花在該用的地方，不該花的地方一分錢也不會花。一個經歷過財富大起大落的人，十有八九是因為鋪張浪費，揮霍無度導致的。

節儉不僅能夠守財，更能夠創造更多的財富。猶太人有「1美元」的賺錢術，即使是1美元也要賺。

猶太人慣於採取「避實就虛，化整為零，積少成多」的戰略，最後戰勝強大的對手。猶太商人還有一門大學問，就是變錢術：他們不怕錢少，就怕手段少。

「智慧與金錢，哪一樣更重要？」「當然是智慧更重要。」善於把錢用活，做現金周轉，而非存款。兩者相比當然是現金周轉更容易生利，而存款求息是不可能獲得更多的利潤的，這也就是猶太人的投錢術了，看準之後把錢投資出去，以達到利潤的最大化。

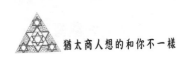

商業的經營活動錯綜複雜，情況也瞬息萬變，但是萬變不離其宗，「投入」與「產出」的問題一直縈繞其中。「投入」大於「產出」，則結果必然是失敗，反之則是成功。

但隨著科技的發展，也就不僅僅局限於「投入」與「產出」，隨著生產費用的提高，產出會相應減少；隨著行銷方式的變遷，會導致成本的相應上漲……，如果以節儉的方式避開成本上漲，這樣整體的投入會和原來基本持平，這樣產品也就具有了競爭力。所以說，節儉是企業磨礪韌性、以應環境之變的重要措施，亦是企業必須具備的素質之一。

富翁的「吝嗇」，是因為他們經歷過創造財富的艱辛；「負翁」的慷慨，是因為他們缺少一分一釐皆來之不易的生活體驗。從這個意義上來說，節約不僅是物質的財富，更是精神上的財富。

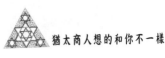

2.遵守規則才不會破產

在商業交往中，對大家最合理和有利的做法就是共同遵守規則，只有這樣才能達到「雙贏」的目的。如果一方在商業活動中違反了規則，而另一方仍然遵守的話，自然就會蒙受到損失。如果後者也仿照前者違反規則的話，雙方就就會進入到非理性的競爭模式中。出現的也必然是「雙輸」的結果。

精於理財，善於經商的猶太商人被稱為「世界第一商人」。他們是世界上最有智慧的民族之一。在各個菁英領域都占有一定比例。

比如猶太人富商占全世界最富有企業家中的50％，華爾街的菁英中有50％是猶太人，科技人員中也有50％是猶太人，而獲得諾貝爾經濟學獎的經濟學家中有近20％也是猶太人。如果想瞭解世界，就先來瞭解猶太人吧。

猶太人之所以是最善於經商的人除了與生俱來的經商天賦，就是他們對規則的嚴格執行力了。《塔木德》中曾說：「合約是與神的簽約，誰也不能違背。」

重合約、守信用的猶太民族自稱「契約之民」，其宗教也被稱為「契約之宗教」。正是因為傳統文化的影響，重合約、守信用成了「猶太生意經」的精髓。他們認為一旦說出口，就一定要履行，不管有沒有合約訂立，毀約也成了商人的大忌，並被認為是對上帝的背叛。正是由於如鐵的制度，猶太商人都嚴格遵守諾言。

有一猶太商人向國外某公司訂購了5萬箱魚罐頭，每箱12盒，每盒260克。雙方達成意向，並訂下合約。但驗貨時卻發現每罐罐頭都是3百克，比合約上的要求雖每罐多出來40克，但猶太商人卻是不能接受，依然要求按照合約條款執行，也就拒絕了收貨。雖然對方公司表示多出部分為贈送，不予另外計費。即使這樣，猶太商人依然要求執行合約，並要求對方公司賠償違約金。

倔強的猶太人，並沒有接受白來的東西，這並不是表示他們傻，而是他們將規則看得很重，這也是猶太商人的誠信邏輯。不遵守規則辦事的猶太人在生意場將無立足之地，久而久之，他們在誠信的大旗下越來越受尊重，生意也做得心應手。

猶太商人不光自己做生意講誠信，他們教育孩子從小也要講誠信，用誠信來獲得別人的信任。因此世代猶太人都擁有誠信的美名，所以猶太人只需要一個簽名就可以貸到幾千

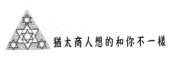

萬元，且不需要任何抵押擔保，就是因為他們在長期的商業活動中誠實可信，為自己贏得了極高的信譽度。

猶太人中流傳著這樣的一個故事：

從前一個叫誠信的小男孩去海邊玩，不小心落入海裡被巨浪捲到一座孤島上，雖然倖存了下來，但是不會游泳，只能被困在孤島上。於是他大聲向遠處呼喊：「救命啊！救命啊！」

就這樣，一個小時過去了，兩個小時也過去了，仍然沒有人來救他……三個小時過後，遠處海面上終於傳來「突突突突」的聲音，誠信發現那是一艘粉紅色的快艇，他知道駕駛快艇的是一個精靈似的女孩，非常活潑可愛，那是快樂。

誠信向快樂招手呼救。

「快坐上來吧，我把你帶出去。」快樂把快艇向誠信靠近了一些，讓他跳了上來。可是誠信一上來，快樂就不滿的抱怨說：「快艇不能承載我們倆的重量，你看，我的快艇都快被壓垮了。你趕緊下去。」誠信只好下去。快樂獨自開著快艇離開了。

幾個小時過後，一艘大輪船開了過來，輪船上一個中年人坐在高級沙發上抽著菸，這是一艘如此豪華的輪船，誠信從未見過。輪船上大字寫著——地位，他向地位求救，而地位卻傲慢地說：「不行，我還得去指揮別人幹活呢，我可是有地位的！」誠信沒有辦法，只能眼睜睜的看著豪華的輪船開走。

誠信等啊等啊，過了好長時間，一艘由金子打造的輪船從遠處開了過來，陽光照在上面，刺眼得讓誠信沒有辦法將它看得更清楚，而他卻知道這是財富輪船開過來了。他瞇著眼對著正在悠閒的數金幣的財富說：「你能帶我離開這裡嗎？」

好一會兒，財富才瞥了他一眼說：「我沒時間理你，我得趕緊去做生意。」就這樣財富也和其他人一樣離開了孤島，留下誠信一人。

這時突然天上的雲竟然變成了一雙大手，他將誠信捧在手裡，帶到了天上。「可憐的孩子！」誠信聽到一個粗嗓門對他說。

「你是誰呀？」

瞬間，誠信的面前冒出了一張大臉，是一位白鬍子的老人，「我是時間，你可以叫我時間公公。」

誠信看著時間公公，說：「時間公公你怎麼來了？」

「許多人不珍惜我，就像不珍惜你一樣。」說著他指向了海上。誠信看到一艘正在下沉的粉紅色快艇、一艘殘破的昔日豪華輪船，還有已不再亮眼的金色輪船。這是快樂、地位還有財富。

「他們怎麼會變成這樣？」誠信對此有點不可思議，他前一段時間還見過他們。

「快樂沒有了誠信，還會堅持太久嗎？地位失去誠信，也不能經得起時間的蹉跎啊；財富也一樣，不可以沒有誠信的陪伴，那只能像現在一樣失去所有的金錢。」時間公公語重心長的說。

誠信明白了。從此，他時時刻刻在人們心裡，讓人們擁有他。

猶太人經常教育孩子，人無信不立，對待人要講求誠信，用誠信去交友、去做生意才能換來真正的收益。

猶太人如此重視誠信，是因為生意場上最核心的規則就是誠信。如果大家都不遵守誠信，就會增加企業的風險和成本，這是猶太商人所不能容忍的。

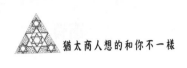

雖然猶太人擁有世界上最多的財富，但是他們比世界上任何一個民族的商人都更重視納稅。猶太人將稅收稱為是「不能要的錢」，他們也經常說「不賺不能要的錢」。納稅是與國家簽訂的契約，如果逃稅漏稅就違背了契約，那是絕對不允許的。逃稅漏稅不僅違背了他們的經商之道，也讓自己蒙羞。

因此，猶太人深惡痛絕逃稅漏稅行為。有很多人認為他們不逃稅漏稅就是犯傻，會損失掉很多財富，其實不然，這正是猶太人守信用的表現。

一個美國人去外國旅遊，想將一顆寶石藏在襪子裡，不用繳關稅帶回國，結果在過海關時還是被查到了，不僅得繳納企圖省下來的關稅，還被處以罰款。一個猶太人看到了事情的全部過程，跟朋友說道：「堂堂正正的納稅入境不好嘛？」

依照國際慣例，寶石類飾品的輸出費最多不超過8％。繳納輸出費，正大光明的入境，賣出時將價格多提高8％就可以了。美國人沒有把這筆簡單的帳算明白，而猶太人卻知道依法納稅是明智之舉。有人為了節省稅金而千方百計的逃稅漏稅，這樣做遲早是要付出更高的代價的。無數這樣的例子告訴我們，這樣做只會偷雞不成蝕把米。依法繳稅，既是一種守信用的表現，又能為自己省去不少不必要的麻煩。

在商業交往中，對大家最合理和有利的做法就是共同遵守規則，只有這樣才能達到「雙贏」的目的。如果一方在商業活動中違反了規則，而另一方仍然遵守的話，自然就會蒙受到損失。如果後者也仿照前者違反規則的話，雙方就就會進入到非理性的競爭模式中。出現的結果也必然是「雙輸」的結果。

人類經歷了經濟的高速增長、科技進步，才認識到「利己」不一定要建立在「損人」的基礎上。透過有效合作，皆大歡喜的結局是可能出現的。但從「雙輸」走向「雙贏」，要求各方要有真誠合作的精神和勇氣，在合作中不要耍小聰明，不要總想占別人的小便宜，要遵守遊戲規則，否則「雙贏」的局面就不可能出現，最終吃虧的還是自己。

所有的參與者把眼光放得長遠些，共同遵守行業自律，那麼「共贏」局面是可以出現的。而且，對於主動宣導行業規則制定的參與者來說，還會得到額外的益處和主動權。

3. 堂堂正正的精明

經商做生意講究精打細算、斤斤計較、精明細心。隨著經濟的發展，功利觀念，商業意識深入人心，只有精明才能獲得經濟利益的最大化。無須竭力地壓制內心所謂的「利慾薰心」，所謂的「庸俗錢欲」，我們要賺錢，就要做一個精明的人。

「你的是你的，我的是我的」是凡人說的話；「我的就是你的，你的就是我的」是無知者說的話；「我的是你的，你的還是你的」是聖人說的話；「我的是我的，你的也是我的」也是聖人說的話。而猶太人認為「我的是我的，你的也是我的」。

這不免讓人感到猶太人精明過了頭。而他們從不否認這種精明，而是樂此不疲。正因為這種精明，才使得他們在商界中占盡了各種優勢。精明是商人的必要素質，不懂得精明生意就無法開展。

商場如戰場，機會稍縱即逝。猶太商人絕不像其他商人羞於顯示自己的精明，瞻前顧後，甚至拋開精明的想法。他們不允許在商場上猶豫、模稜兩可，特別是在商議價格的時候，更是細緻入微，對於利潤也是毫釐計算，極為清楚。他們能夠透過精明的計算，快速的掌控談判，做出自己最大化利益的判斷，步步緊逼，直至大獲全勝。

對於猶太人來說，精於計算，是為了錙銖必較。他們對利潤的攫取絲毫不會放鬆，因此從不會羞於斤斤計較。在猶太人看來，精明並不違反法律，道德也不會被妨礙。他們往往會透過巧妙的方法，從不同的方面來解決別人看起來很困難的事情。這也是猶太人不一樣的精明，他們只是換了看問題的角度。其實細細想來任何事都是有多面性的，我們通常只看到表象的東西，而忽略從不同方面來解決的方法。猶太人就是不拘束慣性思維套路，將精明顯現得淋漓盡致。

一生都在經商的猶太人，不會放過任何一個賺錢的機會，即使是最後一個機會。這也是他們的精明所在。報紙上曾經刊載過這樣一則消息：一名猶太富翁，已達80高齡，生命殘喘，即將步入天堂，如果願意給逝去親人帶口信者，僅收費1百美元。看似荒唐的消息，卻得到熱烈迴響，讓富翁賺了10萬美元。不久後報紙又登出一則富翁的廣告：他是一位禮貌的紳士，願意和一位有教養的女士共居於一墓穴。結果，真有人願意出6萬美元和他一起長眠地下。

猶太人的精明是堂堂正正的。他們認為精明不違反法律，也不違背自己的道德標準。透過精明的才智，巧妙的解決別人看起來困難的事情。大家樂於接受這種精明，也因此喜歡這樣的精明。猶太人的精明觀也正是如此，而非那種對人懷有敵意，針對他人，不好對付的精明。他們通常會明明白白地告訴顧客「我要賺錢」，他們讓別人清清楚楚地看著他們怎樣賺錢。

「每次生意都是初交」，這是猶太人生意場上的名言。他們對於每一筆生意，總是猶如第一次一樣小心對待。不會因為任何原因忽略每一筆生意獲得的利潤。

一位猶太畫家被一美國富商邀請晚餐。大家坐定，等上菜的間隙，閒聊了起來。畫家此時興起，想練練筆。於是跟餐館要來紙筆，就給旁邊的一位朋友畫起畫來。

美國富商看到畫好的朋友肖像，真是形神兼備。對猶太畫家連連稱讚說：「真是太棒了，太棒了。」猶太畫家聽到美國富商的誇獎意猶未盡。他看看美國富商，又開始在紙上勾勾畫畫起來，還不停地向美國富商伸出大拇指。

看到猶太畫家又開始在紙上畫起來，他趕緊擺好姿勢，以便猶太畫家把自己更好地畫出來。看到猶太畫家又對他豎起大拇指，他便坐得又端正了許多。美國富商一動不動，足足十五分鐘。

「好了，畫好了。」猶太畫家將畫好的紙放在了餐桌上。美國富商聽到這話長舒一口氣，身子也放鬆了下來。然後欠身把畫拿到手中，迫不及待的看了起來。結果大吃一驚：紙上並沒有自己的肖像，有的只是一根左手的大拇指。

「我擺了那麼長時間的姿勢，你怎麼只畫出了一個拇指呢？你……作弄人。」

「你怎麼看我第一次畫了別人的肖像，就肯定第二次一定也會給你畫肖像呢？別生氣，我聽說你做生意很精明的，所以故意跟你開個玩笑考考你。你跟我們猶太人不一樣，你太容易相信別人了，這可跟我們猶太人差太遠了。我們猶太人不管做什麼都不一定和第一次一樣的啊。」

美國富商被說得啞口無言，但是越回味越感覺有道理，他不禁連連點頭，開始佩服起這個猶太畫家了。

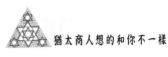

猶太人的這種性格與生俱來，他們不管跟誰做生意，不管做過幾次生意，也不管與之前的生意合作夥伴合作得多麼愉快，他們都不會相信。等到下次做生意的時候還是像第一次接觸一樣認真對待，詳細的洽談，就跟從來沒有合作過一樣。

在瞬息萬變、波濤洶湧的商海中，經營不可有半點馬虎。一個小數點的誤差、一個四捨五入的省略，都可能讓你的商業航船被巨浪淹沒。猶太商人正是看穿了其中的利害關係，所以，他們成為一群狂熱的數字愛好者。尤其是在價格上斤斤計較，爭取利益的最大化。

他們就是這樣，把每一次生意都看作是一次獨立的生意，把接觸過的商業夥伴看作是第一次合作。他們深知商業活動中，雙方都是靠利益維繫，一旦不在意，就可能上當受騙。所以他們不會因之前的往來就放鬆警惕，立場堅定，不被對方的真誠迷惑。「每次都是初交」是猶太人在漫長的歷史生活中一次次的商業活動累積起來的高級生意經。他們對精神分析也達到了駕輕就熟、遊刃有餘的程度。

猶太人在和對方合作的時候，也會顯得很是親熱。這只是維持在餐桌上：熱情的請吃飯，殷切的勸酒，親切交談，極力的套交情，甚至還會稱兄道弟。整個吃飯的氣氛非常的熱烈，他們覺得這樣顯示出了隆重和友好。

但是一旦進入了談判的時候，他們又會回到「每次都是初交」的警惕上，將餐桌的哥們情意拋到九霄雲外。對談判條件甚至也是絲毫不讓，不會讓你占到丁點便宜。生意結束，人情也就隨之蕩然無存了。

在旁人看來，這是多麼不可思議的事情，猶太人就是依靠這種奇怪的邏輯，獲得了大量的利益，創造了財富。

猶太人對任何人都是一視同仁的，合作方也因此對他們放鬆了警惕。而猶太人卻不掉以輕心，不會因人情而陷入「熟人面子陷阱」。

猶太人的這種精明，成功的避免了自己陷入對方的那種策動，給自己爭取到了利益。

在猶太人商店內，不管有沒有契約保證，買方都有權利要求購買品質好的商品。即使是在掛有「貨物出門，恕不退還」的商店中買到有瑕疵的商品，買方一樣可以要求退換貨，店主也會同意退貨。他們的精明並非只維護自己的利益，而是有著自己的「精明」原則的。

猶太商人堂堂正正的使用著他們的精明，使自己在商業的運籌中處於不敗之地。

一個過於呆板、正經的民族，是一個少有商人氣質的民族；一個缺乏智慧的民族，是一個物質上也不會富足的民族。然而，在一個民族中，如果投機戰勝了精明，精明也就只「精」不「明」了。商人要精明並善於把握機遇，但是絕不能有「投機情結」，更要謹防「投機不成反蝕一把米」！

精明得厚重，樸實得靈活才是現代商人所應具備的品格和氣質。

4. 富要過三代離不開「早教」

通往財富最近的一條路便是知識，這條路的臺階有很多，從小就得開始攀登，想要攀登財富，必須得靠自身的智慧與潛能。發掘和利用智慧潛能，才能克服通往財富臺階上的困難，掃清阻力。一塊看上去一無是處的石頭，卻被眼光獨到的珠寶商人一眼看出是價值連城的璞玉，家長就要像珠寶商認識寶石一樣瞭解自己的孩子，儘量發掘孩子的智慧潛能。

「沒有教育，就沒有未來。」猶太人一直信奉偉大的拉比希雷爾這句話。猶太民族也非常重視教育。很多國家，教育的目的是為現在所用；而猶太人則將教育著眼於未來。他們培養的是能夠創造猶太人未來，實現夢想的下一代。

歷史上，猶太民族不斷地受到迫害，他們一直處於流離失所的狀態。沒有任何一種力量能夠保住他們。憑藉自己的智慧，擁有了巨大的財富，贏得了尊嚴和生存的權利。

所以，在猶太人的教育中，最重要的是知識和智慧，智慧更是知識的深化。他們經常問孩子這樣一個問題：如果家裡發生了災難，房子倒塌了，你將帶什麼逃跑呢？如果孩子回答的是錢或者財物，他們又將被問：一種沒有顏色，沒有氣味，沒有形狀的寶貝，你知道是什麼嗎？一步一步引導孩子，告訴他們最應該帶走的就是智慧。智慧永遠都不會被人搶走，它將永遠跟隨著你。聖經裡有這樣一句話：「側耳聽智慧，專心學聰明。」這也成為了猶太人教育孩子的精髓。

猶太人認為孩子的教育越早越好，一歲半開始就已經開始記憶訓練了，三四歲的時候就會將孩子送到學校裡。為了讓孩子感到學習是快樂的，每個孩子剛進入教室大家都會鼓掌歡迎。打開書本的時候，可能還會找到美味的小零食。讓他們感覺學習的樂趣。

孩子四歲的時候就得開始思考了。大人告訴孩子世界上是沒有所謂的正確答案的，因為有不同的思考方法。一個猶太商人曾經問兒子：一加一等於幾？孩子毫不猶豫的說等於二。父親這樣回答說：「你說的理論上是沒錯的，當別人認為一加一等於二的時候，你應該想到一加一大於二。這是我們猶太人的唯一財富——智慧。」

智慧就是用來創造財富的，對此猶太人深信不疑。在孩子的成長中，智慧的培養固然重要，但是也不會忽略了理財觀念的培養。在孩子剛剛能夠牙牙學語的時候，家長便會將錢幣放在他們面前，教他們認識幣種和幣值。4歲多一點，就可以在父母的監督下購買簡單的小物品了。5、6歲的孩子通常知道了父母的錢是來之不易的。6歲的時候就要將「自己的錢」放在存錢筒裡。7歲左右，便可以估計自己懷裡的錢能不能買得起標有價簽的商品了。到了8歲，孩子如果想讓「自己的錢」充實起來，便要付出勞動了。12歲以後，他們就要像個成年人一樣參加任何商業活動了。

洛克菲勒小的時候，父親教育他時就運用了猶太人特有的方式。如果他想從父親那裡要點零用錢的話，必須要付出相應的勞動。父親將每一樣可以由他來做的家務標上了價格：打掃父母的臥室可以得到1美分，打掃自己的臥室可以得到半美分，如果可以做頓早餐的話可以得到10美分。

12歲的時候，父親告訴他：為家裡做家務是應該的，將不會得到報酬了。如果想賺錢的話，就必須自己去賺。於是他來到父親的農場打工。給乳牛擠奶，外出送奶，清理草坪等等零活每一樣做好後，都會記在一個小帳本上，到一定的時候會跟父親做核算，每到這時候，他們就會對每一項工作討價還價，然後才能領到報酬。

一次，在父親的農場外，看到一隻火雞在來回走動。幾個小時候幹完農活的他看到火雞依然沒有人來帶走，於是他將火雞抓住，賣給了鄰居。父親得知後非常高興，認為這是

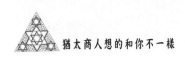

個好現象，覺得他有做商人的潛力，對他大加讚賞。

此後，洛克菲勒越來越喜歡經商，他經常能想出很多經商的想法。一次，他將從父親農場賺來的10美元借給了一個朋友，他們定好利息和歸還日期，並訂下契約。時間一到，他便從對方手上取回了11美元。誰也沒想到這麼一個小孩竟然有如此好的商業意識。

洛克菲勒對子女的教育也延續了父親的方法。他從不允許子女去公司，連兒子都極少讓他去。他不希望孩子們知道自己有一個生活優越的家庭，更不希望他們會對此產生依賴。而是希望他們靠自己奮鬥獲得自己的成功。兒子做「家庭董事長」，弄了一套完整的虛擬市場經濟。根據孩子們做家務的情況，從家長手裡賺取零用錢，家也就成了一個「公司」。

他希望孩子們不僅要「開源」，也要學會「節流」。為此他開始讓孩子們學著記帳，每天必須記下每一筆的開銷。晚上，還要親自審查。不管買了什麼東西，都要求孩子們說出要買的理由。如果記錄真實，解釋合理，他會給孩子另外獎勵10美分。反之，則會從下次的勞動中扣除10美分。

孩子們在父親的教育中慢慢累積著對生活的體驗。他們用智慧累積財富，當然也嘗到過生活的苦楚。父親給每個孩子一個杯子，裡邊有一週要用的方糖，要求自己保管好自己的一份。小女兒拿著這些糖，忍不住貪吃起來。結果在週三的時候便沒有可以放在咖啡裡的方糖了。當她找父親索要時，得到的答覆卻是只能等到下週。就這樣小女兒喝了好幾天的苦咖啡。

愛迪生曾經說過：「天才是百分之一的靈感加上百分之九十九的努力。」猶太人正是因為有了不怕挫折的韌性，越挫越勇的精神才一步步走上成功的。這種韌性並不是誰天生就具備的，而是在生活中逐漸養成的。猶太人過節前總會吃一週毫無任何味道的麵包，體會之前的辛勞。飯後還要誦讀經文，感謝上帝的恩賜。在漫長的猶太歷史中一直被遵守著。

猶太人在智力取向活動中的優勢被全世界公認。諾貝爾獎的得主中，猶太人就占了很大的比例。他們重視知識的程度可謂世界之首。一般猶太家長都會要求孩子閱讀大量的有益的課外書，但是他們不會讓孩子做「背著很多書本的驢子」。在學習中，提倡孩子經常思考，不能模仿。「你又提問了嗎？」每天都會有很多家長問放學回來的孩子。學習應該是思考的基礎，思考是由懷疑和答案組成，只有經常提問，努力找出答案才能累積越來越多的知識。

「知識使人嚴謹，嚴謹使人熱情，熱情使人潔淨，潔淨使人神聖，神聖使人謙卑，謙卑使人恐懼罪惡，恐懼罪惡使人聖潔，聖潔使人擁有神聖的靈魂，神聖的靈魂使人永生。」猶太父母這樣教育孩子。他們對知識的重視程度大大超乎了我們的想像。

在尊重知識，追求真理的猶太人民眼中知識是最大的，世俗的一切統治者都得讓位。他們教育孩子知識是一些財富的來源，是通向財富唯一的道路。猶太人的歷史也證明了知識的無價，與其把有限的財富教給孩子，不如給他們鋪一條通往財富的大路。

在財富的路上行進中，孩子如果不藉由任何外力自己能夠將障礙清除乾淨的話，財富就觸手可及了。孩子運用了智慧，他的孩子如果也能按照他的方法的話，那世世代代就將與財富零距離接觸。

5. 會享受生活才能創造財富

商業中不光需要智慧，還需要健康的身體。智慧讓賺錢更加簡單；沒有健康的身體相當於沒有了一切。學會在享樂中保持頭腦的清醒，維持身體健康。不過度享樂，控制欲望平衡。

健康的身體是賺取財富的根本；適度的休息讓大腦迸發更多的智慧和靈感，以便創造更多的財富。財富使得享樂有了資本，而享樂又成了賺取財富的前提。人正視享樂，才能帶來生命的快樂，才會去創造更多的財富。

五千多年的歷史中，猶太人兩千多年都一直是流離失所、浪跡天涯。他們不僅處處受人歧視，更甚者遭到殺戮。可以說在當時沒有任何一項政策是對他們進行保護的。他們沒有地位，沒有權利，流浪於世界各地。幸運的是並沒有因此而滅絕，這不得不歸功於他們的養身術——注重健康。

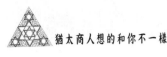

「人生的目的是什麼呢？」有人曾經在猶太人中做過調查。他們的答案驚人的相似：「人生的目的，就是隨心所欲的吃到美食！」

那「人為什麼要工作呢？」他們也會毫不猶豫的告訴你：「人是為吃而工作，並不是為儲藏精力而吃！」

猶太人將這難解話題歸結到了一個字：「吃」。他們非常注重吃的享受，認為吃好了身體才會健康，健康是他們最大的本錢。因此注重吃的享受，成了他們的習慣。

生活節奏快成了商人的代名詞，也就是說他們時時刻刻都在忙著談生意、賺錢。而猶太商人不管工作如何繁忙，都會認真對待一日三餐，從不馬虎。三餐中，又以晚餐為重點。晚餐是他們一天辛苦工作的獎賞。他們會毫不吝嗇的準備豐富的晚餐，儘量把辛苦賺來的錢花在上面。也絕不會僅用五分鐘十分鐘簡單對待，而是一頓晚餐就要占用他們兩個小時以上的時間。

晚餐時間一般在豪華餐廳都可以看到穿著筆挺的晚禮服，陪同朋友、邀請客人一起進去共享豐盛晚餐，享盡人生樂趣，這顯示了猶太人雄厚的財力，對金融界的支配權，他們為此感到驕傲！

為了享受晚餐的樂趣，他們在餐桌上對工作是絕口不提的。猶太人雖然認為，賺錢是為了生活，但生活的主題不是賺錢，追求快樂才是人生的終極目的。他們嘲笑日本商人的人生格言：「早睡早起，快吃快拉，得利三分。」三分錢就可以讓日本人損失吃飯的樂趣，在他們看來這是多麼可笑啊。猶太商人不光吃飯時間不談工作，他們每週都有整整一天的時間是與工作絕緣的。因為猶太人是世界上最諳熟「平常心即智慧心」道理的民族：猶太教靠尊重信徒的自然生理心理要求而保持住了他們的虔誠，猶太商人也同樣靠「尊重」自身內在的自然要求而保持住了自己經商的心理平衡。常言道「利令智昏」，一個在利潤（工作）問題上拿得起放得下的商人其智力才不會衰竭昏聵。

在休息日中將自己從工作中解放出來，是為了享受一個悠閒的世界，這樣才能獲得思想和靈感的源泉。對於猶太人來說，身體健康是賺錢的根本，休息可以讓身體更健康，如果工作和休息發生衝突，他們會毅然決然的放棄工作，選擇休息。精明的猶太人可以計算少休息幾年與多休息幾年的利弊。

猶太人曾經被問到「你們工作一小時可賺50美元以上，如果每天休息一小時，一天就少賺50美元，一年少賺1到8萬元以上，這值得嗎？」

猶太人立即回答說：「假如一天工作8小時不休息，一天可賺4百美元，那我的壽命將減少5年，按每年收入12萬元計算，5年我將減少60萬美元收入，假如我每天休息1

小時，那我除損失每天1小時50美元外，將得到5年每天7小時工作所賺的錢，現在我60歲，假設我按時休息可再活10年，那麼我將損失18萬美元，18萬和60萬誰大呢？」

猶太人之所以把身體的健康看得如此重要，就是因為他們知道在經商中，最大的資本就是自己。

伊萬愁眉苦臉的走在河邊，一邊嘆氣一邊無奈的踢著路上的小石子。這一切被迎面走來的老人阿佩爾看在眼中。

他走近伊萬關切的問：「孩子你怎麼了？為什麼如此的悶悶不樂呢？」

「我一個窮光蛋，沒有房子住，沒有工作，更沒有收入，饑一頓飽一頓的。一無所有的，有什麼可高興的？」伊萬沮喪的說。

「傻孩子，你可是千萬富翁呢。應該開懷大笑才對啊！」阿佩爾微笑著看伊萬。

伊萬迷惑，「一千萬？在哪裡呢？」說完不高興的扭頭就走。

「我可沒拿你尋開心，我問你幾個問題，你可以用心回答我嗎？」

伊萬好奇，「什麼問題？」

「我花2百萬，買你的健康，你願意賣嗎？」伊萬擺擺手。

「我再出2百萬，買你的青春，讓你像我現在這樣成為一個小老頭，你願意嗎？」伊

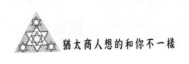

萬趕緊搖搖頭。

「我還想出2百萬，買走你的美貌，然後你會成為一個醜八怪，你願意嗎？」伊萬趕緊說：「不行不行。」

「這樣，你的智慧，我也出2百萬買過來，而你從此就會成為一個白癡，你願意嗎？」伊萬腦袋搖成了撥浪鼓。

「最後一個問題，我把2百萬給你，你去殺人，去幹壞事，從此失去良心，可以嗎？」

「我不會喪失我的良心，這些是魔鬼幹的事。」伊萬憤怒的說。

「你看，我已經開了1千萬，可是你根本不賣啊。你說你不是千萬富翁，是什麼？」

伊萬恍然大悟。他謝過拉比的指點，向遠方走去……從此，他不再嘆息，不再憂鬱，因為他已然知道自己擁有了最大的資本——自己。

其實，幽默感也可以保持身體健康。幽默調劑生活，克服苦難，減輕生活和工作中的壓力，它成了抵抗痛苦、緩解痛苦、有效調節身心的最好辦法。

猶太人自我解放的要訣是讓自己休息，並要懂得如何休息。他們不會把工作帶回家，而是拋到腦後，不閱讀，不思考，脫離工作的羈絆，全身心的放鬆。這已成為猶太人的一大特色。

猶太人一般不會在休息日的時候出去遊山玩水，因為回家以後會感到筋疲力盡。達不到休息的目的。而在家休息則可以鬆弛緊張的神經和肌肉，淨化浮躁的心靈，這樣才能恢復更好的工作狀態。

一群人乘坐小船路過一座無人小島，有人擔心船會棄他而去，所以一直待在船上；也有人到島上走馬看花地逛了一趟，然後也回到船上；還有人迷戀島上的風景，而錯過了上船的時間。

猶太人就是走馬看花後上船的人，他們認為第一種人不思進取，止步不前；第三種人樂不思蜀，過於貪婪。只有他們才是「適度享樂，適度工作的人」，能夠快速的調整好狀態，以便工作時更加投入，產生創造性和靈感使大腦更加聰明。

雖然猶太人重節儉，但是這並不與享受生活相衝突。他們喜歡豪華的居所、精美的食物和名貴的車輛，因為這樣才配得上自己所賺取的財富和自己高貴的地位。但是如果過度享樂，罪惡就會緊跟其後。猶太民族掌握適度享樂的分寸，在對酒的態度上就表現得很明顯。

《塔木德》指出：「只要不沉溺酒杯，就不會犯罪。」「酒進了頭腦，辨別能力就出來了；酒進了頭腦，秘密就被擠出來了。」因此一定要適度享樂，防止過度貪婪。

追求精神的崇高，也有權利追求生活的幸福，只要權衡好兩者之間的關係，便能刺激賺錢的欲望，滿足更高的精神追求。

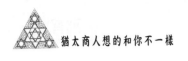

6.現金為王，唯有現金是最實在的

擁有一堆帳單，錢卻握在了別人的手裡，自己的卻是個未知數。切記，只有自己手裡的錢才確確實實是自己的錢。

以宗教作為生活依託的猶太人對金錢極為重視，這與其他宗教剛好相反。在他們眼裡，金錢是世俗的「上帝」。捧著錢，猶如手捧聖經。

佛教、基督教、伊斯蘭教和猶太教各自的商人信徒讚美自己的宗教：

佛教商人說：「我們佛教認為苦海無邊，回頭是岸，講究普渡眾生，以求來世。」

基督教商人說：「神明的主教導我們應多多祈禱與懺悔，主賜給我們力量。」

伊斯蘭教商人說：「真主經常保佑我們平安幸福！」

猶太商人慢條斯理地說：「我承認你們信奉的宗教都很好。但是，世界上最好的宗教應該是猶太教。為什麼呢?因為猶太人個個都是精於經商賺錢的，而且金錢被當作世俗的上帝。」

兩千多年的流離失所，隨時面臨迫害和各種災難的生活使得猶太人對現金有著情有獨鍾的偏愛。現金可以換回被統治者驅逐時的保護;可以換回在反猶暴亂中的一條生路;還可以保住被人掠殺的性命。現金對猶太人來說有著至高無上的地位。只有現金才是他們能夠看得到，摸得著，實實在在存在的「上帝」。使他們獲得平安，永遠保護他們的「上帝」。

猶太人手舉現金，可以讓周遭當地小看他們的人，對其更加恭敬，甚至匍匐在他們腳下。現金讓猶太人成為了真正的主人，能夠直挺挺的站立起來。一位觀察家曾經這樣寫道:「猶太人實際上的政治權力之間的矛盾，也就是政治與金錢勢力之間的矛盾，雖然在觀念上，政治權力凌駕於金錢權利之上，其實前者卻是後者的奴隸。」猶太人對現金達到了極端崇拜的地步，對他們來說現金就是生死之間最為重要的東西。

在現金面前，即使最好的朋友，也不會改變他們的態度。他們認為朋友是朋友，金錢是金錢。如果把錢借給沒有償還能力的人，這等於是把現金當禮物白白送給他。這是他們絕對不允許的。

曾在猶太餐館看到這樣一首歌謠：「我喜歡你，你要借錢，我不能不借，只是怕借了你便不再上門。」說白了，就是「現金交易，恕不賒欠」。為了不讓自己的利益受到絲毫損失，餐館老闆會絞盡腦汁編出歌謠，拒絕賒欠，來保證資金周轉，正常經營生意。

在生意上，猶太人最關心的是對方帶來了多少現金，如果把對方公司換成現金，究竟值多少錢？他們一般拒絕和固定資產值高而沒有多少流動資金的公司做生意，認為這樣沒有保障。因為任何事物都是在變化的，今天是億萬富翁，明天就可能發生異變，而只有現金是不變的，這成了猶太人的信念，也是猶太教的「神意」。

猶太人對現金的偏愛，正如一句俗語：「賒三不如現二。」這才是他們對現金的態度。

「錢不是罪惡，也不是詛咒；錢會祝福人的。」

「錢會給予我們向神購買禮物的機會。」

「身體的所有部分都依靠心而生存，心則依賴錢包而生。」

這是兩千多年前就在猶太人中廣為流傳的諺語。錢是人賴以生存的基礎，就像人們常說「錢不是萬能的，但沒有錢是萬萬不能的」一樣。猶太人還認為錢是引導好運到來的，通常會把錢作為敬神的工具。中世紀基督教認為「錢是罪惡，甚至和錢打交道的人也是卑污的」。這和其他宗教是恰恰相反的。

猶太人對金錢的崇拜絕不是羞羞答答，猶抱琵琶半遮面，他們愛錢，也從不隱瞞愛錢的天性。他們不介意被人指責嗜錢如命、貪婪成性。猶太人作為世界上最富有的民族，支配著世界的金融生活。他們在英、法、義乃至全歐洲都設了銀行，賺取借貸的利潤差，獲得了大量的財富。雖然銀行是自己經營的，但是自己的財產是不會存到銀行裡的，這使得其他種族非常費解。

現在，國際生意更多利用的是支票、帳戶等方式來交易，現金基本退出了國際交易舞臺。猶太商人雖然認為現金可以減輕帳目，這等同於提高了利潤，更加便於計算每天的交易額，但是他們也在慢慢走出自己的民族傳統。

經營者交易過程中也應參考猶太人現金至上的觀念，不妨堅持如下原則：

（1）調查選擇的原則——對沒有支付能力的顧客，不賣。

（2）表明付款條件的原則——在契約書上表明付款條件。

（3）互惠互利的原則——不強迫推銷。

（4）制定信用限度的原則——表明可以賒欠多少，超過限度不予賒欠。

（5）慎重的原則——對於經營拖欠的顧客，要慎重發貨。

（6）定期收款的原則——約定期一到立即上門收款。

（7）態度堅決的原則——收款時態度不堅決，易使顧客缺乏愧疚感。

（8）斷然拒絕的原則——對不可能支付貨款的顧客斷然拒絕發貨。

擁有一堆帳單，錢卻握在了別人的手裡，自己的卻是個未知數。切記，只有自己手裡的錢才確確實實是自己的錢。

7. 要估計自己還能活多久

「時間就是金錢」，這句話在商界中永不落伍。要想使自己立於不敗之地，就要合理利用時間，快速的掌握市場訊息，做出正確的決策，有的放矢的實施攻防戰略，先於對手執行才可以。

《塔木德》告誡猶太人說：「今天便是第一天，同時也是最後一天，因此，必須為現在付出全部的生命。」

人的一生短暫而又漫長，如果無端虛度，不會合理安排注定成不了大器。在商人看來要賺錢必須要有賺錢的時間，不能合理安排時間是不會賺到錢的。而猶太商人視時間為生命。他們可以跟任何人若無其事的談論壽命問題。

「先生65歲了吧，大概還能再活10年左右！」

他們輕鬆淡然的說出這句話認為別人是可以理解的，因為他們從開始就可以坦然的接受生下來注定最後是要死去的，所以對此無須畏懼。中國人則不然，認為這是「大不敬、不吉利」。中國人一直認為活到老學到老；生不帶來，死不帶去。要安度晚年，享受天倫之樂。而猶太人是活到老賺到老，知道自己能活多久，就會計算自己還能賺多少錢；他們對錢有極度的占有欲，雖生不帶來，但死要帶走。因此他們可以以客觀的態度對待死。越是知道離死的時間越近，就越會利用最後的時間抓緊賺錢。

猶太人經常估計自己還能活多久並不是消極主義的表現，而是非常信奉「時間就是金錢」的觀念。

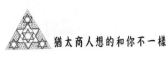

在他們看來時間就是生活，時間就是生命，時間更是金錢。他們利用每分每秒可以搶占先機，爭取商業活動中的主動權。生意場是個機會均等的地方，在同等條件下，就看誰可以最先抓住機遇，先發制人，那誰就可以勝券在握。激烈的商業環境下「快魚吃慢魚」，只有讓自己變成「快魚」才不至於被淘汰。

時間被猶太人賦予了足夠的價值，他們認為時間就和商品一樣，如果每天工作8小時，那麼1分鐘能賺多少錢就會被精確計算出來。老闆請員工做事，工薪是按時計算的。猶太人會見客人，十分注意恪守時間，絕不拖延。一個打字員聽到下班的鈴聲，就將差20個字打完的稿子放置一旁，立即下班。雖是個笑話，說明猶太人對時間就是金錢的看重，他們同樣給自己的時間標明了價格。

時間如此寶貴，如何分配才可以利益最大化呢?時間就好比一塊蛋糕，將其合理分割他們都會做好規劃。正如中國所言：「好鋼用在刀刃上」。他們對此精打細算，就算約見會晤都會精確到幾分鐘，從不允許遲到或延時。處理工作時從來都是謝絕會客。

猶太商人將「勿盜竊時間」作為格言。他們禮貌的將妨礙自己時間的人拒之門外。客人來訪前，必須要先預約，否則就要吃閉門羹了。如果來訪者是來談生意的，那結果很可能就是失敗。即使有預約，接待人也希望來訪者儘量縮短來訪時間。

在猶太商人的辦公桌上最難找到的應該就是「未決」文件。他們總是抓緊時間批閱文件，如果不及時批閱這些文件，就不能及時瞭解其中的資訊，有可能錯過一些機會，更甚者錯過了對資訊決策的最佳時間，影響工作效率。所以他們對資料、文件極其重視，總能爭取在最短時間內進行批閱處理，因此不容許來訪者占用這段時間，否則會分散精力。

時間固然重要，而利用合理時間完成適當事情才是最重要的。猶太人在做事時有著對資訊的高度重視和極度敏感，他們能夠快速的做出決策就卻取決於對資訊的掌握。歷史原因使得猶太人對資訊尤為重視，往往一個資訊就決定他們的生死。所以在商業中也一樣，他們將資訊網遍佈全球。

伯納德·巴魯克是美國經營實業的百萬富翁。在創業之初，巴魯克也是舉步維艱，但是他對資訊有一種獨特的敏感，最終成就了他的財富之夢。

在他28歲時的一天晚上，他聽到西班牙艦隊在聖地牙哥被美國海軍消滅的消息。這對於別人來說就只是一則政治新聞，而他卻知道這不僅意味著美西戰爭的結束。

第二天就是週一了，美國證交所按慣例都是關門的，但是倫敦卻會照常營業。巴魯克意識到如果他能夠趕在明天一早趕到自己辦公室，就將大賺一筆。

但是交通的不便給他增加了障礙。1898年的交通工具最好的也就是火車了，但是夜間是不營運的，汽車也，尚未問世。他突發奇想，如果能夠租一列火車，就可以解決這一麻煩。他趕到火車站經過一番商量，列車終於行駛在了星空下。迎著黎明他走進了自己的辦公室。就這樣他在其他的投資者還在睡夢中交易了幾筆大生意。終於成了美國著名的猶太實業家。

一則公開的新聞成為了他發財的「獨家消息」，如果巴魯克不善於發現對自己有利的消息，或者在第二天凌晨的時候也和其他的商人一樣，做著自己的美夢，而他卻對此做出決策，採取了適當的行動，築起了財富的高牆。

商場受各方面的影響，比如社會改革，國家政策中，風向標存在於每一個階段中，成功的人是因為他們先於別人抓住了政策對他們有利的地方，做出正確決策，利用資源整合，水到渠成的。

機會有的時候是擺在面前的，只要比其他人早抓住，就能達到效果；有的時候機會在某種事情的背後，這就要求「儘量多看幾步」。巴魯克就是看到了別人看到而沒有想到的機會，搶在了競爭對手的前面，獲取了好的價格，及時抓住，獲得財富的。

商場的激烈競爭中，誰能更好的趕季節，誰能搶在競爭對手的前面，誰能獲取好的價格，誰能穩穩地占領市場，誰就必將獲得較好的經濟效益。蘋果手機上市之初瘋搶的效應足以證明在諸多競爭者中只有「先」於出手才能獲得好的效果。餐桌上的蔬菜，反季節的時候，價格才能是應季的一倍，甚至幾倍。如此之大的反差，正是「時間」價值的體現。

猶太人對時間每一分每一秒都是極為「苛刻」的。他們認為時間比金錢要寶貴得多，錢沒了可以再賺，商品可以重複製造；而時間是無法重複的，就好比錢放銀行可以保存，時間卻無法保存一樣。這樣看來，時間要比商品甚至金錢還要寶貴。交易需要時間，且必不可少，並且還是經營目的的前提。雙方交易時，要充分考慮時間問題，估計能夠有交貨的能力，時間是否允許客戶的要求能夠被全部滿足。如果可以則同意接受，相反如果辦不到，絕不妄為。

時間的價值是體現在整個生意的全部過程的。一個企業經營效益的高低，是與其經營費用水平的高低息息相關的。如一個企業一年的營業額為1億美元，其資金年周利率為兩次，言下之意，該企業每年占用資金為5億美元。按通常的銀行利息為12%（年息）計算，一年共支付利息達10萬美元。如果該企業能把握一切時間和進行有效管理，使資金周轉達到一年4次，那麼，其支付的利息就可節省3百萬美元，換句話說，該企業就可多盈利3百萬美元了。猶太人在貨物的購入和銷出以及貨款的清收方面控制也是很嚴格的。

自然界中「弱肉強食」的法則，在商界中同樣適合。只有變「快」，才能逃脫對手的攻擊，更能反過來攻擊對手，立於不敗之地。生來沒有國家的猶太人，沒有固定的市場，他們成了世界商人，為了能夠有立足之地想盡一切辦法，細心觀察每一個事物，精心經營，不斷提高產品品質，生產效率，不斷創新觀念等等，每一步都會比其他商人要早、要快。

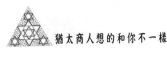

8. 真誠第一，以德服眾

猶太人普遍認為，做人首先要真誠。真和誠是為人處世之本，一個人只有以誠待人，以誠做事，才能得到社會的認同，獲得成功。相反，一個弄虛作假的人，不管有多大本事，終將導致失敗。

海之所以為海，是因為海納百川，不拒細流。無論是江河湖泊，還是溪澗細流，只要奔來，都一概歡迎，顯出極大的包容性。

海之所以為海，是因為海量恢宏，不拘細節，無論天上的雨、空中的霧，還是地上的水，無論是清的渾的，只要投奔於大海，大海都一樣地接納，具有極強的吸收性。

海之所以為海，是因為本色如一，從不改變自己的特色。在長江面前，海是蔚藍的，在黃河面前，海是蔚藍的，在其他江河湖泊面前，海也是蔚藍的。外來的一切，只能充實我而不能改變我，這就使大海具有無可比擬的永恆性。

猶太人普遍認為，做人首先要真誠。真和誠是為人處世之本，一個人只有以誠待人，以誠做事，才能得到社會的認同，獲得成功。相反，一個弄虛作假的人，不管有多大本事，終將導致失敗。

真誠反映在企業層面上，就是要在企業經營過程中講信譽、守信用。市場經濟是信用經濟，企業只有紮實地做好產品品質，樹立自己的品牌，才能得到發展。

如果企業在經營中弄虛作假，只能損壞企業信譽，最終損害企業的市場競爭力。做生意的人要注意的事情當然很多，然而，最根本的是要有一顆真誠無私的心，只有這樣，事業才會不斷地順利發展。

所謂真誠，就是不被迷惑，不被自己的利害或情感、知識或成見所左右，公平地對待事物。一個人如果心存偏見，就會產生偏向、偏心、偏差、偏重、偏袒乃至行為的偏頗和事業的偏廢。就不可能公平地對待事物，由此也不可能公平地判斷事物。好比透過哈哈鏡來看東西，所看到的東西已經不再是本來的真實面貌，以致無法正確地抓住事物的確切形態。

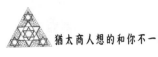

因此，心存偏見，就容易判斷失誤，最終導致錯誤傾向。具有真誠的心，就好比用正常的鏡片來看東西，能夠看清事物的原形，因此也能夠瞭解事物真實的形態和特徵。這樣，也就可以保證無論在任何場合，都不會犯大的錯誤。

有道是：「心底無私天地寬」。真誠無私，胸懷坦蕩，正直公平。達到這種境界的人，必將事事亨通，無所不能。

古人云：「公則四通八達，私則一偏向隅。」為人公正，就能走遍天下；心中存私，則將到處碰壁。

然而僅有坦誠是不夠的，還必須具有一顆寬容厚道的心。如果說坦誠是做人的一個標準的話，那麼，寬厚則是待人處世的一把尺規。

古代先哲莊子說過：「不能容人者無親，無親者盡人。」就是說，不能容人的人就沒有親愛的人，沒有親愛的人就棄絕於人。

明代學者薛瑄說：「惟寬可以容人，惟厚可以載物。」寬容不是軟弱的代名詞，而是有道德、有信心、有力量的表現。能否做到寬以待人，不僅是檢驗一個人道德修養的尺度，而且關係到這個人能否做好人際關係、能否做好工作、做好事業的重要問題。

一個人如果能體諒別人，理解他人，不苛求人，不算計人，他就會被看作是與人為善、品德高尚的人。一個人如果總是苛求於人，一不如意就睚眥怒視、惡語相向，必然降低自己的人格品味。

猶太商人里克傑就是一個寬容厚道的人，他的女兒評價他的時候說：「有時候員工做錯了，他也不會罵，我覺得這是他最大的優點。」寬以待人是一座友誼的橋樑。人們總愛和寬厚的人交朋友。「水至清則無魚，人至察則無徒。」一個人如果只看別人的短處，不見別人的長處，看誰都不順眼，看誰都有毛病，看誰都不行，那麼，這個人只能是孤家寡人。

寬容厚道不僅有助於人際關係的和諧，而且具有非常大的道義力量和道德感召力。它能給人溫暖、感化和醒悟；它能緩解人與人之間的矛盾衝突，甚至化干戈為玉帛。歷史證明，凡事業上有所成就的人，絕非是那些胸襟狹窄、小肚雞腸、謹小慎微的人，而是那些胸襟坦蕩、寬宏大量、豁達大度者。

明代朱袞在《觀微子》一書中說：「君子忍人所不能忍，容人所不能容，處人所不能處。」以寬厚的態度待人，並非軟弱無能，而是自信的表現，是正義的行為。尤其是以德報怨的高風亮節，可以使人反躬自問，心悅誠服。

法國作家雨果說過：「世界上最寬闊的東西是海洋，比海洋寬闊的是天空，比天空寬闊的是人的胸懷。」一個企業的老闆如果能夠做到這一點，那他的身邊一定會聚集著一幫為他赴湯蹈火、在所不惜的人。

商人經商，需要寬容，需要一種海納百川的胸懷。猶太人對這點一直都很贊同。在一個充滿欺詐的商業社會裡，如果你沒有足夠寬廣的胸懷對周圍的人和事進行包容，那麼你的生活就將被一些小事煩惱給填滿。

作為一個優秀的商人，應該有容人和容事的度量。要有寬廣的胸懷，善於求同存異，不要總對一些雞毛蒜皮的事斤斤計較，更不要對一些陳年舊事念念不忘。有人說寬容是軟弱的象徵。其實不然，有軟弱之嫌的寬容根本稱不上真正的寬容。寬容是一種需要操練、需要修行才能達到的境界。懂得寬容，意味著你不會再為他人的錯誤而懲罰自己。氣憤和悲傷是追隨心胸狹窄的影子。

生氣的根源不外乎是別人做事侵犯、傷害了自己的利益和自尊心等，於是怒從心頭起。此種生理反應無非在懲罰自己，而且是為他人的錯誤，拙然不值！如果一個人懂得寬容，那就意味著他不會再心存芥蒂，從而擁有一份瀟灑的風采。

在人類的歷史進程中，黨同伐異的事不勝枚舉。其實主要源於人的自高自大的狹隘心理，總以為自己比別人強，對與自己不同的見解、行為，一概排斥、貶低，甚至明槍暗箭，自己也弄得神經緊張，終日心事重重。要知道，寬容地與人相處，也要寬容地接受各種思想意識。想要將自己的思想強迫推銷給別人，去改變別人，只會給自己帶來煩惱。要培養自己活得自在、也讓他人活得舒暢的涵養。

學會寬容，意味著你不會再患得患失。寬容，首先包括對自己的寬容。只有對自己寬容的人，才可能對別人也寬容。人的煩惱一半源於自己，即所謂畫地為牢，作繭自縛。芸芸眾生，各有所長，各有所短。一旦爭強好勝失去一定的限度，往往受身外之物所累，失去做人的樂趣。承認自己在某些方面不行，才能揚長避短，才能心平氣和地工作與生活。

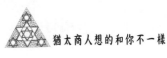

看過一個故事，說是在一個市場裡，有個猶太婦人的攤位生意特別好，引起其他攤販的嫉妒，大家常有意無意地把垃圾掃到她的店門口。這個猶太婦人只是寬厚地笑笑，不予計較，反而把垃圾都清掃到自己的角落。旁邊賣菜的有看不過去的婦人觀察了她好幾天，忍不住問道：「大家都把垃圾掃到你這裡來，你為什麼不生氣？」

猶太婦人笑著說：「在我們國家，過年的時候，都會把垃圾往家裡掃，垃圾越多就代表會賺很多的錢。現在每天都有人送錢到我這裡，我怎麼捨得拒絕呢？你看我的生意不是愈來愈好嗎？」

從此以後，那些垃圾就不再出現了。這個猶太婦人化詛咒為祝福的智慧確實令人驚歎，然而更令人敬佩的卻是她那與人為善的寬容的美德。她用智慧寬恕了別人，也為自己創造了一個融洽的人際環境。俗話說和氣生財，自然她的生意愈做愈好。如果她不採取這種方式，而是針鋒相對，又會怎樣呢？結果可想而知。

也許有人不以為然：難道別人往你臉上吐口水，你也要笑臉相迎嗎？難道別人拿屎棍子戳你，你還要感謝他嗎？

這裡所說的寬容不是遷就，也不是軟弱，而是一種修身之法，是一種充滿智慧的處世之道。「以恕己之心恕人則全交，以責人之心責己則寡過」，就是告訴我們對己要嚴，對人要寬。寬恕別人其實就是善待自己。

俗話說：吃小虧加上吃小虧等於占大便宜；占小便宜加上占小便宜等於吃大虧。上天是公平的，你在這裡失去的東西，祂會在那裡給你加倍的回報。作為商人，這點更要通曉。

而有時候為了商業利益，猶太人更是能忍人之所不能忍，他們能夠很委屈地去保全自己的商業利益，設身處地地瞭解對方的心理和觀念，以「君子之心」去度「小人之腹」。也許有時候，自己的員工當面頂撞了自己，或故意侮辱了自己，作為老闆，是該利用自己的權威，挑剔員工的不是，給他一個事後教訓？還是另找一個時間約他到咖啡館聊聊天，談談心，彼此好好溝通一下，化解一下矛盾？

幾乎所有的猶太人都會選擇後者，如果就因為自己員工的一句話讓自己的自尊心受到極大傷害而憤怒，那麼作為商人來看，他是不成熟的。如果還是用過於刺激的方法來換取自己的一時快意，那就更不可能將來在商場上取得極大的成功。

從商人的利益而言，如果自己的員工犯錯，並陷入上面所說的狀態，務必先要讓他的怨氣消除掉，並設法讓他平靜，進入反省時期。任何悲傷或痛苦都會隨著時間而消逝，所以只要時間一過，以往的反感便會淡化，如此便能冷靜地談話了。此外，對商人來說，管理員工的目的在於帶來工作上的和諧。因為缺乏和諧是造成很多商人經營公司失敗的第一要素。

俗話說，人無完人。商人要學會容忍自己的員工所犯過的錯誤，激勵他們繼續進取，使其不至於因過失或錯誤而喪失信心，止步不前，而將其轉化為更強烈的動力，最大限度地發揮出他們的聰明才智。

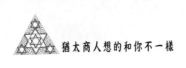

以色列某公司的高級主管，由於工作嚴重失誤給公司造成了一千萬美金的巨額損失，為此，這位主管心裡非常緊張。第二天，董事長把這位主管叫到辦公室，通知他調任同等重要的新職位。

「為什麼不把我開除或降職？」這位主管非常驚訝地問。董事長回答說：「若是那樣做，豈不是在你身上白花了一千萬美金的學費！」

這是一句出人意料的獎勵的話，使這位高級主管從心裡產生了巨大的壓力。董事長的出發點是：如果給他繼續工作的機會，他的進取心和才智有可能超過沒有受過任何挫折的常人。後來，這位高級主管果然以驚人的毅力和智慧，為該公司做出了顯著的成績。

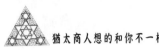

9. 彰顯個人的自我風格魅力

魅力，恰恰是一些領導者脫穎而出的原因。同時，這也是一個企業或群體不知道何去何從的時候，一些商人被推向事業巔峰的原因。如果你想事業有成，那麼魅力便是你的入場券，商人必須學會展現自己的魅力，從而引領自己的成功。

在商人的個性中，有一種任何攝影師都無法捕捉，任何畫家都無法再現，任何雕刻家都無法刻畫的東西。這是一種人人都能感覺得到，然而卻無人能夠表達，能夠輔助弊端，能夠加以形容的微妙的東西。這就是和一個商人一生的成功都相關的魅力。正是這種難以表現的特質，使商人與商人之間有了千差萬別的不同。也正是這種特質，點燃了人們的激情。

的確，在成功的商人中，沒有比這個特徵更引人注目的了。正如猶太人所說：「對你自己所做的事情充滿了激情，它是一種發自內心的使命感，賦予你能量、動力和激情。這些極富有感染力，並且對於一個商人來說，前進是根本的。」

在現實生活中，我們會在不知不覺中受到具有這種神奇力量的商人的感染和影響。當受到感染時，頓時會有一種豁然開朗的感覺。優秀商人的魅力能夠把自己員工最優秀的特質一下子激發出來。就像是讓你認識了一個更卓越、更優秀的自己。

猶太人就具有這種魅力，他們會讓人感覺到自己從來沒有的靈感和渴望會突然湧入心間，在我們的體內迴旋激蕩，生活就像是被賦予了更加崇高的意義。在人們胸中燃起了熊熊烈火，推動人們去嘗試從未嘗試過的東西，去體驗人們從未體驗過的生活，去做人們從未做成的事業。

這種被稱為魅力的東西，是看不見、摸不著的，但卻無比神奇，它的威力比任何具體的個人能力都要強大。它是一種處世藝術的結合體。有時候，人們把這種特性稱為個人磁力。猶太商人說：「魅力無論在哪種情況下，都涉及了一種難以名狀的強有力的感情紐帶。」他們認為，如果把魅力看作是個人內在固有的東西，那它只能在你與他人交往的過程中顯露出來。魅力首先是一種關係，在這種關係中，領導者和追隨者的內在自我，是那樣緊緊地交織在一起。

而魅力來源於自己傑出的實力。只有當自己有足夠的實力了，自己說話能影響自己周圍的一個大圈子了，自己在自己所從事的行業裡跺一跺腳能夠引起大的迴響，自己有足夠的實力去引導一個行業的發展，那麼自己就具有很大的魅力了。魅力的絕對來源是自己的實力。

猶太人對這點的表現深信不疑。他們在取得成功之前，從不表現自己，而是臥薪嚐膽，耐心積蓄騰飛的力量，等待著自己有朝一日可以左右他人時，他們才會站出來。魅力是一種絕對可以讓人信服的氣質。它和商人的氣質相結合。

1. 優秀的品質。

作為一個商人，往往要做的最大的投資就是讓別人喜歡和你相處，自己掌握讓別人與你愉悅相處的藝術。努力做到舉止文雅，為人隨和，寬宏大量。這種長期的投資所創造的價值要遠遠超過任何可以以金錢衡量的貨幣資本。因為有了這種品質，無論你走到哪裡都會暢通無阻，大受歡迎。

事實正是如此，能讓人快樂是一筆無價的財富。有什麼比永遠散發著魅力與光彩的性格更有價值呢?這種性格不僅僅在商業活動中讓人受益無窮，在生活中的任何一個角落同樣都會讓人獲益匪淺。正是因為這種性格，才使大批大批的商人贏得了世界範圍的擁戴，成為了一個全面成功的人。為此，我們不要忘記去培養這種優雅的氣質和品質，它會讓我們吸引所有的人，打動所有的人。這些特質可以使我們成為眾人關注的焦點和中心，幫助你不斷進步，這通常比去做大量艱苦的工作都要來得有效得多。

如果讓許多事業有成的商人仔細去分析一下自己成功的原因，他們可能會吃驚地發現，原來成功的一大部分是歸功於自己習慣性的禮節和許多其他受人歡迎的特質。相反的，如果一個商人不具備這些特質，那麼縱然他具有聰明才智、深謀遠慮和耀眼的學歷文憑，這一切加起來都不會達到前所未有的成功。因為無論他多麼能幹，多麼的才華橫溢，他的粗俗的特質會讓人對他敬而遠之。

2.良好的儀表。

猶太人都認為，一個傑出的商人不是靠儀表來成就的，但是他們確實又得藉由儀表來傳遞資訊。參加商業談判，你的儀表正式而且大方，是對對方的尊重，參加週末晚宴，你的儀表是高貴而典雅，在工作時，你的儀表端正而筆挺，那麼你在所有人的眼裡都是一個實在的人。相反，你穿著休閒服去參加談判，會讓對方感覺到你缺乏誠意，你穿著牛仔服去參加晚宴，讓人感覺你沒品味，你在工作中隨意拖沓，別人認為你不夠敬業。所有這一切，你的儀表在在給人傳遞著資訊。

事實上，對於他人的儀表，我們是喜歡還是不喜歡，是可想而知還是出乎意料，我們都會產生一些想法。如果一個人的儀表不得體，可能他就會被別人輕易地否定；一個人不得體的打扮，也可能會在商業往來中壞事，別人也就很難再聽到他說什麼。

有位猶太商人曾經接待過一位推銷員。這名推銷員初看上去還真是無可挑剔：頭髮梳得很整齊，衣服很正式，鞋子很光亮，佩帶著高級鋼筆，提著公事包，還真像那麼一回事。可是就在推銷員蹺起腳的時候，卻露出了不協調的白襪子。這種不協調讓這位猶太商人感到吃驚，以至於推銷員再說什麼他都聽不下去，最終，推銷員的生意也沒有做成。

3. 個人威信。

魅力常常會給商人帶來榮譽和地位，最終，真正顯得重要的是你的人怎麼樣，而不是你做了什麼。

按照猶太人的說法是：「商人贏得追隨者是靠努力爭取來的。」

即使一個人有很多的頭銜，但是他仍需要個人威信。這種威信是影響者從被影響者那裡自然而然地獲得的。而且一提到這種威信，人們就會聯想到那些深具魅力的人。地位能夠產生對他人的權威，但個人的威信卻來自於尊重和喜歡。一個真正有魅力的商人，當他的威信累積到一定程度時，他自然就會脫穎而出。從另一個方面來說，地位、權力和個人威信也是能夠相得益彰的。如果能將兩方面很好地結合起來，就會獲得無堅不摧的力量。

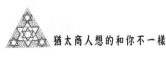

4. 溝通的技巧。

這是一項商人用來鼓勵自己周圍的人接受自己的領導或採納自己的意見的技巧。一個觀點，無論它有多麼偉大，倘若不被採納，都將無濟於事。猶太人歷來都認為，不管你的想法有多麼好，不管它在技術上會帶來多大的進展，或者在經濟上會創造多少收益，要是你不能讓別人接受它，那一切都是枉然。人們需要做的就是去說服對方，讓他們明白，他們真正需要做的事情，正是你提出來要做的事情。

5. 增長自己的見識。

在猶太商人看來，不論自己是一個多麼強有力的商人，不論自己在建立自己的人際關係上有多大能耐，也不論你在形象、聆聽和利用天時地利方面做得怎麼好，自己總得有東西可說才好，否則自己就是一個空架子，一隻紙老虎。一個商人如果其他的樣樣俱備，只是缺少見識，那就像盛裝打扮之後，卻沒有地方可以去一樣。相反，如果對凡事都有所見識，那就會把自己的魅力的其餘因素帶動起來，結合所有因素展現一個完整的人格。

魅力，恰恰是一些領導者脫穎而出的原因。同時，這也是一個企業或群體不知道何去何從的時候，一些商人被推向事業巔峰的原因。如果你想事業有成，那麼魅力便是你的入場券，商人必須學會展現自己的魅力，從而引領自己的成功。

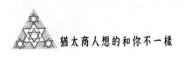

10. 一切從強化自身條件開始

今天的生活源於我們過去的努力，今天的選擇將決定我們未來的生活。向一些人暫時認為的「不可能」挑戰！世界上任何奇蹟的產生，最初都起源於「不可能」。所有的正業都起源於不務正業，只要建立必勝的信心，樹立百折不撓和堅不可摧的意志，能夠真正做到自己主宰自己，人生終將實現輝煌！

猶太商人常常教育自己的孩子說：「人生活在這個世界上，不能沒有夢想，成功就是從夢想開始的。」

同樣，對一個人、一個民族來說，如果沒有夢想，世界將呈現怎樣一種景象呢？

人類從孩提時代起，每個人都有夢想，有的想當文學家，有的想當歌星，有的想當飛行員，有的想當科學家。夢想沒有高下之分，而且有夢的日子是快樂的，所以兒童便是世上最快樂的人。

但是隨著年齡的增長，日子變得愈來愈實際，有的人要為柴米油鹽發愁，有的要為汽車、房子操心，尤其是生兒育女以後，很多人便像田間的老牛一樣被套上了重軛。

夢？連想想這個字眼都覺得奢侈。只有獨自一人在午夜失眠的時候，腦海中可能會閃現出兒時夢想的一些片斷，但時過境遷，他們已不再為夢激動，不再為無夢可惜。

無夢的日子，人們變得實際，甚至變得世俗。人成了物質主義者，衡量成功與否的唯一標誌就是金錢。人與人之間的純真友誼沒有了，變成了相互利用的關係。人文精神、真善美等價值觀念提得愈來愈少，有時甚至成為被嘲笑的對象，人們會說一個真誠的人迂腐，一個善良的人懦弱，一個美好的人孤芳自賞。

但是總有那麼一些人，他們兒時的夢想一直未曾泯滅。那個夢想如懸在夜空的一盞明燈，引導他一站一站地往前進，如深埋在心間的一粒種子，一直在渴盼著有一天能生根發芽，如一句偈語、一個暗示、一種宿命，催促他加快腳步，向夢想靠近、靠近……而正是這些人，這些不甘平庸、不知疲倦的追夢人，以他們的奮鬥，極大地推動了人類的文明發展史。

在猶太人看來，當老闆不僅是擁有財富的象徵，也是有身分地位的表現。猶太人喜歡財富，尊重知識，敬畏權力，因此他們從來都不放棄自己追求財富的夢想，在他們看來，

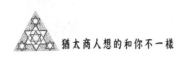

夢想是成功的開始。

猶太人也看重有錢人，尊重老師和工程師，害怕任意主宰人們命運的官員。但是，如果讓他們選擇自己的未來，選擇當老闆的人在人口中所占的比例可能比其他職業要高得多。從最初的走街串巷提籃叫賣，到如今成為商場櫃檯的承包者、市場建設的領導人，無數放下「鐵飯碗」的猶太人都在做自己的老闆。人們說，在猶太人群中，你一頭能撞到五個老闆。而成為一個傑出的商人，幾乎是每一個猶太人的夢想，正因為從小他們就立志在商業世界裡占領一席之地，所以他們從來比別人來得更實在。

如果我們將外出的猶太人與外地人職業選擇的情況做一個對比，就能明顯看出猶太人當老闆的夢想和能耐確實高人一籌。在全球的猶太人，從替人補皮鞋或在市場上擺個小攤位，到投資數百萬甚至上億元資金興辦市場或企業，基本上都是獨立經營，都是自己做老闆，這是在外地猶太人的主流。

然而，來就業的外地人，除了一些技術人員和管理人員外，基本上是所謂的打工者，極少獨立辦企業或在市場上做生意。甚至遠在異國他鄉，如商業發達的法國，猶太人也不放棄「當老闆」的強烈夢想。在法國，大多數的猶太人最初都是作為打工者來到這裡的，而且法國對創業有種種限制，規定只有獲得十年居留權的人才有資格開店或者辦工廠，並需要投入少則幾十萬多則上百萬法郎的資金。儘管這樣，不少人仍想方設法去圓自己的老闆之夢。沒有獲得十年期居留權，那就請有老闆資格的猶太人或要好的法國朋友幫忙，出面當他們名義上的老闆，每月付一定的報酬。沒有資金，就借助於「聚會」這種民間的融資方式。

由於有著強烈的致富欲望和創業意識，猶太人對利潤和財富極其敏感。為了致富，他們可以吃常人不願吃的苦，賺別人看不起眼的錢，賺一塊錢不嫌少，賺幾萬美元不嫌多。長期在市場經濟大潮中搏擊，練就了他們強烈的市場意識和競爭意識。

一位在年輕時就已闖蕩商界的猶太老闆對此總結道：「猶太人憑藉著比別人早一點出來闖蕩市場，凡事比別人多想一點，多辛苦一點的付出，早已練就出一雙敏銳的『火眼金睛』，在任何的行業中，猶太人都能找到市場的空白點和利潤的增長點，很快地切入進去，挖出財富，實現自己在商業世界裡占領霸主地位的夢想。」為了追求利潤和財富，他們可以採取其他地方的人所不能採取的方式去投資，創造自己特有的經營方式。

猶太人相信，在這個世界上一個人所感謝的事情會愈來愈多，所認為理所當然的事情會愈來愈少。

追求成功是許多人的理想，但許多人僅僅以為努力進取、奮力拚搏才可達到巔峰。但俗話說：「退一步，進兩步，」猶太人認為，成功的人恰恰是能在關鍵時刻急流勇退，尋找新的發展領域，才獲得更多的成就。

人猿泰山為什麼被稱為森林之王呢？

論力氣，他比不過大象；

比速度，他比不過獅子與老虎；

比靈敏，猴子有過之而無不及。

泰山之所以在森林稱王，不是依賴武力與體力，他靠的是態度和關係。他和每種動物交朋友，關心牠們也照顧牠們，所以大家都喜歡他。所以當泰山有急難時，大叫一聲：喔……喔……！每隻動物都出來，樂意幫助他。泰山的叢林法則，其實也可以運用到現實的社會中，我們可以發現，真正成功的人，絕不只靠自身的實力，其實他更懂得利用人際資源，進而創造更多價值。能夠去瞭解可運用的資源，就能發展良好的人際關係。

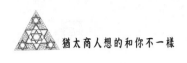

猶太人歷來認為：「成功等於目標，其他都是這句話的註解。」

成功就是每天進步一點點。

成功是由一個個小小的目標達成，一次次小小的進步累積而成的。一個人要有偉大的成就，必須天天有些小成就，因為大成就是由小成就不斷累積的結果。猶太人從來都認為：「我向來認為自己最大的敵人就是滿足，成功永遠只是起點，而不是終點。」

成功是每天進步百分之一，成功是不斷地達成目標，成功是對家庭、社會、國家有所貢獻，成功是每天快樂地生活，成功有很多方法。思考一個成功的人，他必定是一個感恩的人，一個感恩的人，他也必定會是一個成功的人。但是有些人學了一些方法之後，他就以為他是世界上最棒的，他就開始肆意批評他的老師，開始批評這，批評那，這些都不是很理想的行為。

想得到愛，先要付出愛，要得到快樂，先要付出快樂，你播種就一定會得到收穫。只問耕耘，不問收穫，心懷感激的人，沒有什麼事情做不成。成功者要善於思考、善於溝通、善於傾聽、善於搜集資訊、善於表達、善於學習。在資訊化社會，必須有這樣的思想準備：過去的知識未必有用。資訊化社會要求有不斷地積極地汲取新事物的心態。為此，需要多瞭解變化，不斷選擇、取捨，做好知識的新陳代謝。更重要的是，對新收集的資訊進行分類，從中發現新的生活方式，並以坦率的態度進行再編輯。要成為贏家，必先成為專家。思考是行為的種子。財富就是將智慧運用於自然，致富的藝術不是勤奮，更不是節儉，而是選擇合適的方法、合適的時機和合適的地點。

一切努力都取決於掌握時機。

懂得交談只有一個訣竅：學習傾聽。

冒險的步驟通常有成功的結局。

樂觀的人，在每一次憂患中，都能看到一個機會；

而悲觀的人，則在每個機會中，看到的是某種憂患。

切記！你追求成功的決心比其他任何事物都重要。

成功的六大特質：

態度——態度決定成就的高低。

信念——不管你相信你能或是不能，它都已經在幫你實現。

可以被教導——記住「驕者必敗」的教訓。

理想、夢想——一個人有了遠大的理想，就是在最艱苦的時候也會感到幸福。

熱忱——如果你沒有熱忱，你根本也沒有大志可言。

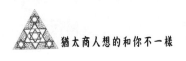

信心——信心就是「不可能」這個毒素的解藥。

新時代的成功秘訣：新時代要求你有不斷地積極地汲取新事物的心態。在包羅萬象的資訊面前，如果你有敏銳的眼光去汲取有價值的資訊，你還怕不成功嗎？猶太人憑著其獨特的經商手法和處世觀念，取得了前所未有的成就，使很多的財富都裝在猶太人的口袋裡。猶太人認為，只有具備一個好的態度，成就的高度才不可限量。猶太人在商場取得的勝利主要取決於他們具備以下10種心態。

1. 歸零的心態。在此之前您可能有過很高的成就，但是當您來到一個新的行業時，您一定要有一個歸零的心態，只有這樣您才能快速成長，學到這個行業的技巧與方法。如果您要喝一杯咖啡，您是不是要把杯子裡的茶先倒掉？否則在把咖啡加進去之後，就茶也不是，咖啡也不是，成了四不像了。

2. 學習的心態。任何一個行業，只有專家、內行才能賺到外行人的錢。所以您一定要在最短的時間內以最快的速度，成為專家或內行。而要成為專家，您就得學習。隔行如隔山，一定要靜下心來。

3. 感恩的心態。您一定要有感恩的心態，首先，您應該感謝您的輔導老師，是他告訴您改變您一生的機會。

4. 創業的心態。在這個過程中，您一定要有創業者的心態。創業是艱苦的，要有勇氣面對困難與挑戰，要有積極樂觀的心態，要為成功找方法，而絕不能為失敗找藉口。

5. 投資的心態。真正體會出產品的好在哪裡。重要的是您一定要投資時間在這事業裡。您一定要合理安排好時間，有效利用時間是事業成功的關鍵。

6. 堅持的心態。成功者絕不放棄，放棄者不會成功。堅持到底，絕不放棄。您一定要相信您自己。您相信自己一定能成功，奇蹟就會發生。

7. 付出的心態。您一定要有付出的心態，只有您付出了，您才會得到回報。付出愈多回報越多。只有量的積累，才有質的飛躍。

8. 積極的心態。人腦是很神奇的，積極的心態，能讓您不斷地往大腦中輸入正面的資訊，開啟您的心智，想出辦法，解決問題。同時用積極的心態對您的朋友、您的團隊，會有巨大的正面影響，讓您的團隊在低潮時看清方向，有信心和勇氣不斷前進；高潮時幹勁十足，不斷創造和分享奇蹟。如果您懷抱消極的心態，可能會給您的團隊帶來毀滅性的打擊。

9. 誠實的心態。誠實是做人的起碼要求，以誠待人才會成功。

10. 承諾的心態。您一定要對自己承諾，然後努力去實現您的承諾，因為您是對自己承諾，不要欺騙自己，也不能欺騙自己。

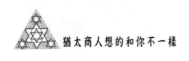

第四章　猶太人賺錢故事

猶太人是世界上最聰明、最富有的民族之一，他們以獨特的經商技巧摘取了「天下第一商人」的桂冠。

有人說：「猶太富豪在家打個噴嚏，全世界的銀行都會感冒。」猶太人在投資創業方面表現得出神入化，他山之石可以攻玉，我們為什麼不來借鑒一下他們的經商謀略呢？

資訊就是財富

美國著名的猶太實業家，同時又被譽為政治家和哲人的伯納德•巴魯克在30歲之前已經因經營實業而成為百萬富翁。

無論生前死後，巴魯克都受到相對的尊重。他在1916年時被威爾遜總統任命為「國防委員會」顧問，兼「原材料、礦物和金屬管理委員會」主席，以後又擔任「軍火工業委員會主席」。1946年，巴魯克擔任美國駐聯合國原子能委員會的代表，並提出過一個著名的「巴魯克計畫」，即建立一個國際權威機構，以控制原子能的使用和檢查所有的原子能設施。

創業伊始，巴魯克也是頗為不易的。但就是猶太人所具有的那種對資訊的敏感與靈通，使他一夜之間發了大財。

1898年7月3日晚，28歲的巴魯克正和父母一起待在家裡。忽然，廣播裡傳來消息，西班牙艦隊在聖達戈被美國海軍消滅。這意味著美西戰爭即將結束。

這天正好是星期天，第二天是星期一。按照常例，美國的證券交易所在星期一都是關

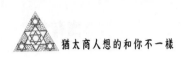

門的，但倫敦的交易所則照常營業。巴魯克立刻意識到，如果他能在黎明前趕到自己的辦公室，那麼就能發一筆大財。

在那個年代，小汽車尚未問世，火車在夜間又停止運行。在這種似乎束手無策的情況下，巴魯克卻想出了一個絕妙的主意：他趕到火車站，租了一列專車。巴魯克終於在黎明前趕到了自己的辦公室，在其他投資者尚未「醒」來之前，做成了幾筆大交易，他成功了。

巴魯克對資訊十分的敏感與靈通，從資訊中推斷出時勢的發展與種種的可能，據此做出對自己有用的決策，並採取相應的行動，從而占據先機。巴魯克在不無得意地回憶自己多次使用類似手法都大獲成功時，將這種金融技巧的創制權歸之於羅斯柴爾德家族，但顯然，在對資訊的「理性算計」中，他是青出於藍而勝於藍的。

巴魯克發財致富的原因就是掌握了資訊，並藉此進行獨特的運用、操作，因此他就比別人搶先了一步，在最短的時間裡成為富商。

資訊到處都是，不必走遠，只需要多看、多聽、多思，你就會在自己的身邊找到它，如果想讓自己的財富增加，就必須讓自己的資訊細胞活動起來。在市場經濟條件下，資訊靈則經營活，經營活則效益增。從某種意義上講，資訊就是財富。

猶太人對合約的重視意識

猶太人做生意十分注重合約。出口商比爾與猶太商人拉克簽訂了10000箱蘑菇罐頭合約，合約規定為：「每箱20罐，每罐100克。」但出口商比爾在出貨時，卻裝運了10000箱150克的蘑菇罐頭。貨物的重量雖然比合約多了50％，但猶太商人拉克拒絕收貨。出口商比爾甚至同意超出合約重量不收錢，而拉克仍不同意，並要求索賠。比爾無可奈何，賠了拉克10多萬美元後，還要把貨物另作處理。

此事看來似乎拉克太不通情理，但事實不是那麼簡單。猶太人精於經商，深諳國際貿易法規和國際慣例。他們懂得，合約的品質條件是一項重要條件，或者稱為實質性的條件。合約規定的商品規格是每罐100克，而出口商交付的卻是每罐150克，雖然重量多了50克，但賣方未按合約規定交貨，是違反合約的。按國際慣例，猶太商人完全有權拒絕收貨並提出索賠。猶太商人此舉是站得住腳的。

此外，還有個適銷對路問題。猶太商購買不同規格的商品，是有一定的商業目的的，包括適應消費者的愛好和習慣、市場供需的情況、對付競爭對手的策略等。如果出口方裝運的150克蘑菇罐頭不適應市場消費習慣，即使每罐多給50克並不加價，猶太商人也不會接受，因為這打亂了他的經營計畫，有可能使其銷售通路和商業目標受到損失，其後果是十分嚴重的。

最後，還有可能會給買方猶太商人帶來意想不到的麻煩。假設猶太進口商所在國是實行進口貿易管制比較嚴格的國家，如果進口商申請進口許可證是100克的，而實際到貨是150克，其進口重量比進口許可證重量多了50％，很可能遭到進口國有關部門的質疑，甚至會被懷疑有意逃避進口管理和關稅，以多報少，要受到追究責任和罰款的懲罰。

猶太人認為：合約是與神的簽約，誰也不能違背。所以，盡管猶太人僅占全世界總人口的0.3％，但卻操縱著世界經濟的槓桿。

多元化的經營觸角

美國超級猶太富豪霍華•休斯是一個精明的生意人。他在50年間，個人擁有的財產竟高達20億美元。他能如此發達，來自他那獨特的經營方法——化整為零的多元化分散經營法。

換句話說，就是他不只限於經營一個企業，而是同時經營多種企業；不採取「高度集中」的經營方式，而是採取極其分散的經營方式。對於他這種方式，當時許多人認為太危險，因為資金太分散，沒有那麼多時間和精力去照顧全部事業，將會有一些事業虧損。

然而，休斯的頭腦與眾不同，他有自己的行事方式。他認為，多種企業同時進行，就能使「平均率」為我所用。在這種方式下，也許有一項事業可能失敗，但其他事業得到機會就可能成功。那麼，總的成功率仍然要高得多。

他在經營休斯機床公司的同時，開始向好萊塢的各個公司投資，雖然開始拍的第一部電影虧了本，但他接下來拍的三部電影卻大賺其錢，並因此取得了一家好萊塢製片公司的全部控股權。

與此同時，他的注意力又轉移到商業中的另一個領域——開設飛機修理廠，進而變成飛機製造廠，後來發展成為休斯飛機公司，再後來又變為環球航空公司，成為世界上有名的航空公司。休斯的成功，無不借助於他分而治之的制勝之術。

不要把雞蛋放在同一個籃子裡。這句經典的投資格言還有更深層的意義，這就是要求人們實踐投資的組合理論，把風險係數降到最低。

躋身上流社會

商場有句俗語是「天大的面子，地大的本錢」，道出了人脈資源在商業活動中的重要性。古往今來最熟知其箇中三昧，並且隨心運用自如的，恐怕當數金融界大亨羅斯柴爾德家族了。

19世紀20年代初期羅斯柴爾德在法國巴黎春風得意、商場發跡後，不久之後他就面臨最棘手的問題：一名商人、外國的猶太人，法國上流社會的圈外人，如何才能贏得仇視外國人的法國上層階級的尊敬呢？

羅斯柴爾德是位瞭解權力的人，他知道他的財富會帶給他地位，但是也會因此在社交上被人們疏離，到最後原有的地位與財富都將不保。因此他仔細觀察當時的社會，思考著如何受人歡迎。

慈善事業？法國人一點也不在乎。

政治影響力？他已經擁有，結果只會讓人們更加猜疑。

他終於找到一個突破口，那就是——無聊。在君主復辟時期，法國上層階級非常無聊，因此羅斯柴爾德開始花費驚人的鉅款娛樂他們。他雇用法國最好的建築師設計他的庭園和舞廳，雇用最馳名的法國廚師卡雷梅準備了巴黎人未曾目睹過的奢華宴會。

沒有任何法國人能夠抗拒，即使這些宴會是德國猶太人舉辦的，羅斯柴爾德每周的晚宴吸引了越來越多的客人。

終於，羅斯柴爾德的每周晚宴反映出他渴望與法國社會打成一片，而不是混跡於商界的形象。透過在「誇富宴」中揮霍金錢，他希望展現出他的權力不只在金錢方面，而是進入更珍貴的文化領域。

羅斯柴爾德通過花錢贏得社會接納，但是他所獲得的支援基礎不是金錢本身就可以買到的。往後幾年他一直受惠於這些貴族客人，並將事業做得越來越大。

有人說：「看一個人的人際關係，就知道他是怎樣的人，以及將會有何作為。大多數人的成功，都源於良好的人際關係。」

對此，才智高超的人總是用心去經營人脈「磁場」，並在其中如魚得水，遊刃有餘。

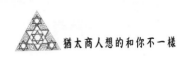

周轉率就是事業成功的王牌

巴奈・巴納特是一個舊服裝商的兒子，出生於佩蒂扣特巷，以後就讀於一所專為窮人孩子建立的猶太人免費學校。成年後，巴納特帶著40箱雪茄煙作為創業資本來到南非。他把這些雪茄抵押給探礦者，獲得了一些鑽石，從而開始了鑽石買賣。

巴納特的贏利呈周期性變化，每個星期六是他獲利最多的日子，因為這一天銀行較早停止營業，巴納特可以放心大膽地用支票購買鑽石，然後趕在星期一銀行開門之前將鑽石售出，以所得款項支付先前的貨款。

說到底，巴納特其實是利用銀行周日休市停止營業的這個時間空檔，然而只要他有能力在星期一早上給自己的戶頭上存入足夠兌付他星期六所開出的所有貨款的錢，那他就永遠沒有開「空頭支票」的危險。

所以，巴納特的這種結款方式，說穿了，就是他看透了市場運行的模式與時間表，在沒有侵犯任何人合法權益的前提下進行的。

巴納特靠「時間差」生財，真可謂精明到了極點。在此，時間成了商人手中的「金錢」，「一寸光陰一寸金」已不再是一個抽象的比喻，而成為一種現實的陳述。商業競爭就是時間的競爭。學會合理有效地安排時間，這是商人最大的智慧。

女性生意經的高手

埃默德曾經在倫敦一條繁華的街道上開了一家百貨商店。地理位置相當好，每天來往的人也很多，可是開業兩三年了，店裡總是冷冷清清的。

這事讓埃默德覺得十分鬱悶。

經過長時間的觀察，埃默德發現了這樣一個規律：在平時光顧公司的人中女性居多，差不多占80%，偶爾有男人來商店，也大多是陪妻子購物，他們很少單獨買東西。他越想越覺得自己的經營方向有問題：女人才是真正的消費主體。

而自己卻把老把目光聚集在不買東西的男人身上，這樣不是離賺錢之路越來越遠了嗎？埃默德於是果斷地決定將自己百貨商店的營業對象限定在女性身上。

他把所有的營業面積全部用上，都擺上女性用品。

不過，精明的埃默德這次想出了高招：把正常的營業時間一分為二，白天他擺設家庭主婦感興趣的衣料、內褲、實用衣著、手工藝品、廚房用品等實用類商品；晚上則改變成一家時髦用品商店，以便迎合那些年輕的女性。

這樣子，最有消費實力的女人完全被他的經營方式給攏括了。

尤其是針對年輕時髦的女孩子們，埃默德可以說是費盡了心機，光是女孩子們喜歡的襪子就陳列了許多種，內衣、迷你裙、迷你用品、香水等，都選年輕人喜歡的款式和花樣進貨。凡是年輕女性喜歡的、需要的、能夠引起她們購買欲望的商品，他都盡量滿足，並把它們擺在櫃檯顯眼的位置上。

最絕的是，他從美國進口了最流行的商品，並且進行了巧妙的宣傳：「本店有世界最風行的新款女士內衣，包您穿了青春靚麗。」沒過多久，埃默德商店有世界上最流行的內衣的消息不脛而走，許多女性真的如風一般趕來，爭相購買。

埃默德的商店成了女性常來光顧的地方，不久，其分銷點就已經達到100多家，狠狠地賺了女人一大筆錢。

猶太人就是這麼厲害，他們在富麗堂皇的高級商店裡，專門經營那些昂貴的鑽石、豪華的禮服、價格不菲的項鍊、戒指、香水、手提包……這些無一不是專為女性顧客準備的。猶太商人就是瞄準了這個市場，獲得了比別人更多的贏利。

一筆生意，各蒙其利

雷曼兄弟公司是19世紀70年代末期，一家歷經150年的美國猶太老字號銀行。它的創業史具有相當傳奇的色彩。

1844年，德國維爾茨堡的一個名叫亨利·雷曼的人舉家移居美國，他先在南方居住了一段時間，之後就和自己的兩個弟弟——伊曼紐和邁耶一起定居在阿拉巴馬，並開始做起雜貨生意。

阿拉巴馬是美國的一個產棉區，農民手裡多的是棉花，但卻沒有現金去買日用雜貨，於是就產生了用雜貨去交換棉花的交易方式。雙方皆大歡喜，農民得到了需要的商品，他也賣掉了雜貨。

這種方式，乍看上去與猶太人「現金第一」的經營原則不符，但這卻是雷曼兄弟「一筆生意，兩頭贏利」的絕招。這種方式不僅吸引了所有沒現錢購買生活日用品的農民顧客，擴大了銷售，而且有利於雷曼兄弟壓低棉花價格，提高日用商品的價格，並且在雜貨店進貨之際，順便把棉花運出去，省掉了單程運輸費。

沒過多久，雷曼兄弟便由雜貨店小老闆發展成經營大宗棉花生意的商人，棉花的借貸、典當成了他們的主要業務。美國南北戰爭期間，雷曼兄弟在倫敦推銷聯邦的商務，在歐洲大陸推銷棉花。

戰後，他們在紐約開辦了一個事務所，並於1877年在紐約交易所中取得了一個席位，成為一個「果菜類農產品、棉花、油料代辦商」，雷曼兄弟公司從此走上了規模化發展的道路。

一般人看事物多用二分法，非強即弱，非勝即敗。利人利己者把生活看作一個合作的舞臺，而不是一個競爭的角力鬥場。

其實，世界之大，人人都有足夠的立足空間，他人之得不必視為一己之失。現代商戰，少不了「硝煙」，但也離不開雙贏。

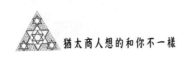

沒有金子就種花

自從傳言有人在薩文河畔散步時無意發現金子後，這裡便常有來自四面八方的淘金者。的確，有一些人找到了，但更多一些人因為一無所獲只好敗興歸去。當然，也有不甘心落空的，便長期駐紮在這裡，繼續尋找。

猶太人彼得・弗雷特就是其中的一員。他在河床附近買了一塊沒人要的土地，一個人默默地工作。他把所有的錢都押在這塊土地上，埋頭苦幹了幾個月，翻遍了整塊土地，但連一丁點金子都沒看見。

6個月以後，他連買麵包的錢都快沒有了，於是他準備離開這兒到別處去謀生。

就在他即將離去的前一個晚上，下了場傾盆大雨，並且一下就是三天三夜。雨終於停了，彼得走出小木屋，發現眼前的土地看上去好像和以前不一樣：坑坑窪窪已被大水沖刷平整，鬆軟的土地上長出一層綠茸茸的小草。

「這裡沒找到金子，」彼得忽有所悟地說，「但這土地很肥沃，我可以用來種花，並且拿到鎮上去賣給那些富人，裝扮他們華麗的客廳。那麼，有朝一日我也會成為富人……」彼得彷佛看到了將來：「對，不走了，我就種花！」

於是，他留了下來，花了不少精力培育花苗，不久，田地裡長滿了美麗嬌豔的各色鮮花。

他把花拿到鎮上去賣，那些富人很樂意付少量的錢來買彼得的花，以使他們的家庭變得更加富麗堂皇。

5年後，彼得終於實現了他的夢想——成了一個富翁。

猶太人就是善於活用一切。由於歷史的原因，他們所處的環境和條件千差萬別，但不管在歐洲、美洲或者在亞洲乃至非洲，不管從事商業、科學技術事業或是文化藝術乃至農業，都湧現出大批事業有成的佼佼者。究其原因，其中很重要的一條就是他們能適應環境，活用一切有利條件，充分發揮自己的潛能。

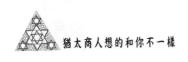

新品種香蕉

普洛奇是一位猶太富人，同時也是美國的食品大王、億萬富翁。同許多猶太富商一樣，普洛奇的青年時代也是靠給別人打工度過的。

有一天，他的老闆讓他把20簍受損的香蕉賣出去。這些香蕉只是外皮太熟了，顏色不好看，品質倒是完全沒問題。

市場上的香蕉價格是每4磅3美分。老闆說，你可以每4磅賣2美分，或者更低也行。只要能把這20簍香蕉賣出去，價格方面可以隨意。

普洛奇把香蕉成堆地擺在門口，開始賣香蕉了。但是，他並沒有按每4磅2美分或者更低的價格叫賣。

普洛奇這樣叫賣：「阿根廷香蕉，快來買哦！」

「阿根廷香蕉」這個有個性、新穎的名字馬上吸引了一大群愛湊熱鬧的美國人。

普洛奇向「聽眾」解釋說：

「這些樣子古怪的香蕉是一種新品種，產地來自阿根廷，美國是第一次銷售。當然啦，為了感謝各位來照顧我的生意，打算以低價出售，每磅10美分。」

就這樣，本來打算低價處理的受損香蕉，被普洛奇這樣一說，賣出的價格反而比新鮮香蕉的市場價還要高。

美國人聽到普洛奇這樣一叫賣，覺得沾了很大的光，而且還是新品種的香蕉。於是不到一個上午，所有的香蕉被一掃而空。

普洛奇並沒有按照常規的做法去思考，本來有些受損的香蕉理應降價，這是很合乎常情的事情。但普洛奇卻利用美國人追求新奇的心理，把本地香蕉喚作「阿根廷香蕉」，物以奇、稀而貴，價格自然就上漲了。

病中也不忘創富

58歲的猶太商人麥士辛辛苦苦積攢了一輩子才有1.5萬美元的存款。更不幸的是，四年前他還患上了白內障，視力嚴重受損，甚至不能閱讀、寫字與駕駛。疾病令他十分沮喪，更擔心無以為繼，不忍心看著妻兒與自己一起挨餓。轉念之間，他體會到視力不良者的不便與需要，慢慢研究出一種特別印刷的書籍，為他帶來了豐厚的利潤。

麥士決定尋找一種較容易閱讀字體的方法。他的視力不好，便盡量不在晚上工作，經過近一年的研究，麥士發現在紙上印的粗線條的斜紋字體，不但對視力有障礙的人大有幫助，一般人閱讀的速度，也會有所提高。

麥士看出這門生意極具發展潛力，機不可失，他將僅有的1.5萬美元存款從銀行裡取出來，把這組新研究而來的字體整理妥當，並進行全面推廣。

麥士在加州自設印刷工廠，第一部特別印刷而成的書，不是什麼文學巨著，乃是全球銷售量之冠的《聖經》。這種宣傳極具號召力，一個月內，麥士接到訂購70萬本《聖經》

的訂單，不但使緊張的經濟狀況大大緩解，而且還有足夠的財力擴展業務，在電視、報紙及雜誌上做廣告，從而給他帶來優厚的報酬。

做生意好比追求異性，既要有勇氣，也要膽大心細，及時表現愛意。必須滿懷自信，不怕失敗。

當然，成功的信念不是天生就有的，它需要後天的磨練與培養。如果你心中有這樣或那樣的缺陷與弱點，就可以給自己制訂一個調整的計畫，通過種種積極的方法，一定能夠逐漸培養起成功的信念，從而在以後的事業中擁有自信，達到成功。

「販賣國籍」的人

斯瓦羅斯基的公司實力雄厚。達尼爾・斯瓦羅斯基家族是奧地利的名門，他的祖先世世代代都生產玻璃製人工鑽石的服飾用品。

第二次世界大戰後，斯瓦羅斯基的公司因為在大戰期間，曾奉德國納粹黨的命令製造軍用望遠鏡等軍需品，所以將被法軍接收。

美籍猶太人羅恩斯坦，悉知上情後，立即與達尼爾・斯瓦羅斯基家族進行交涉：「我可以和法軍交涉，不接收您的公司。不過條件是——交涉成功後，請將貴公司的代理權交給我，並收取10%佣金，直到我死為止。」

斯瓦羅斯基家族對於猶太人如此精明的條件十分反感。但經冷靜考慮後，為了自身的利益，他只好委曲求全，為保住公司的大利益而全部接受了羅恩斯坦的條件。

在斯瓦羅斯基家接受他的條件後，他馬上前往法軍司令部，鄭重提出申請：

「我是美國的公民——羅恩斯坦。從今天起斯瓦羅斯基的公司已變成我的財產，請法

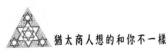

軍不要予以接收。」

對法國軍方，羅恩斯坦充分利用美國是個強國的威力，鎮住了法軍。法軍啞然。因為羅恩斯坦已經是斯瓦羅斯基公司的主人，即此公司的財產屬於美國人。接收美國人的公司是毫無正當理由的，況且當時美國對於法國來說，是招惹不得的。法軍無可奈何，不得不接受羅恩斯坦的申請，放棄了接收的念頭。

就這樣，羅恩斯坦未花一分錢，便設立了斯瓦羅斯基公司的「代銷公司」，輕鬆自在地賺取銷售額10％的利潤。

羅恩斯坦輕鬆致富，是國籍幫了他的大忙，以美國國籍為發家的本錢，再靠列支敦士登的國籍逃避大量稅收，賺取大錢！在猶太人的眼裡，一切都是可以利用起來賺錢的。

國家圖書館出版品預行編目資料

我富有，因為我這麼做 II / 張俊杰 著

一 版.-- 臺北市 :廣達文化, 2014.11

; 公分. -- （文經閣）（職場生活：29）

ISBN 978-957-713-560-5 (平裝)

1.成功法 2.財富

177.2 103021114

我富有，因為我這麼做 II

榮譽出版：文經閣

叢書別：職場生活 29

作者：張俊杰 著
出版者：廣達文化事業有限公司
Quanta Association Cultural Enterprises Co. Ltd
發行所：臺北市信義區中坡南路 287 號 4 樓
電話：27283588　傳真：27264126　E-mail：*siraviko@seed.net.tw*

印　刷：卡樂印刷排版公司　裝　訂：秉成裝訂有限公司

代理行銷：創智文化有限公司
23674 新北市土城區忠承路 89 號 6 樓　電話：02-2268-3489　傳真：02-2269-6560

CVS 代理：美璟文化有限公司
電話：02-27239968　傳真：27239668

一版一刷：2014 年 11 月

定　價：240 元

書山有路勤為徑
學海無崖苦作舟

文經閣

書山有路勤為徑
學海無崖苦作舟

文經閣